Knaur

Über den Autor:

Wulfing von Rohr ist Sachbuchautor, Journalist, Fernsehprodu-
zent, Seminarleiter, Firmenberater, Yogalehrer und Meditations-
schüler. Er gilt als einer der besten Kenner der Bereiche Meditation, Esoterik und Persönlichkeitsentfaltung.

Wulfing von Rohr

Das Buch der Meister

Knaur

Anmerkung:
Meistens habe ich der Einfachheit halber
die männliche Sprachform gewählt, ab und an beide.
Die Leserinnen bitte ich um Verständnis. Danke!

Dieses Buch wurde auf chlor- und säurefreiem Papier gedruckt.

Originalausgabe November 1998
Copyright © 1998 Droemersche Verlagsanstalt
Th. Knaur Nachf., München
Alle Rechte vorbehalten. Das Werk darf – auch teilweise –
nur mit Genehmigung des Verlages wiedergegeben werden.
Umschlaggestaltung: Peter F. Strauss
Redaktion: Maryna Zimdars
DTP-Satz und Herstellung: Barbara Rabus
Druck und Bindung: Ebner Ulm
Printed in Germany
ISBN 3-426-86196-8

2 4 5 3 1

Vier Mittel gibt es, um alle Hindernisse zu überwinden und Glückseligkeit zu erlangen: Freundlichkeit, Mitgefühl, Freude, Gelassenheit.   *Patanjali*

ᏽᎦᎧᏽ

Der ewige unerschöpfliche Strom der Göttlichen Gnade und Seines Segens fließen immerzu – darin solltet ihr euch täglich baden.   *Ma Anandamayi*

Inhalt

Danksagung

Schon wieder ist ein Jahr vergangen: Noch immer bin ich in Hut und Wanderschuhen.   *Matsuo Basho*

❦

Dank vielen lieben Lehrern, angefangen bei meinen Eltern Valérie Vera und Hans-Olof von Rohr, über alle meine Lehrer und Professoren, weiter zu den Helfern und Begleitern bei der Erkundung der metaphysischen und esoterischen Seiten des Lebens, bis hin zu den großen Meditationsmeistern Sant Darshan Singh und Sant Rajinder Singh, die wahre spirituelle Diener der Menschheit sind und auch dieser Seele die Verbindung mit dem inneren Licht und Klang schenkten.

❦

Ruhen in der Schau des ruhenden Gottes: Hier ruht man wirklich. Der stille Gott erfüllt alles mit Stille: und ihn in seiner Ruhe zu schauen heißt, selbst zu ruhen.

Bernhard von Clairvaux

1 Das Licht von Meistern

Vor fast 25 Jahren fragte ich mich immer eindringlicher, ob mein Leben einen Sinn hat, und falls ja, welchen. Selbstverständlich kam ich mit Religion, Philosophie und geistigen Lehren in Berührung.

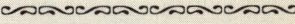

> Vernunft oder die Ratio all dessen, was wir schon wissen, wird nicht mehr dasselbe sein, wenn wir mehr wissen werden. *William Blake*

Ich merkte bald, daß ich Stellung beziehen mußte: Was sollte ich davon halten, daß so viele frühere Heilige und Meister von der Existenz Gottes sprachen und sogar behaupteten, man könne in diesem Leben Sinn und Erfüllung erleben und über Kontemplation, Gebet und Meditation eigene Gotteserfahrungen erlangen?

Mit der jüdischen, der christlichen und der islamischen Religion hatte ich mich schon beschäftigt. In Religion hatte ich im Abitur eine Eins; unser Lehrer hatte gütig honoriert, daß ich mich aktiv am Unterricht beteiligt hatte, Frömmigkeit und Bibelfestigkeit waren weniger vorhanden. Was in den mir bekannten Kirchenformen der Religion aber zu fehlen schien, war die Dimension der persönlichen religiösen Erfahrung über Glaubenssätze hinaus, das lebendige Vorbild von mehr oder weniger verwirklichten Seelen, die tatsächlich das lebten, was die Religionsgründer verkündet hatten. Denn soviel hatte ich verstanden: Religion ist nicht in erster

Linie eine Institution, um Moral zu vermitteln und gute soziale Werke zu tun, sondern um den Weg zur eigenen Gotterfahrung zu öffnen. Wie sollte ein einfacher Mensch denn ohne die Hilfe durch wahre Apostel und Heilige, ohne die lebendigen Verkünder und Verwirklicher der Gottesbotschaft, in jene lichten Höhen gelangen, von denen alle Heiligen Schriften sprechen?

Die Epoche der christlichen Mystiker des Mittelalters war vorbei – eine Hildegard von Bingen, ein Franziskus von Assisi, ein Meister Eckehart, eine Mechthild von Magdeburg waren nicht in Sicht.

Und auch die Zeit der jüdischen Meister, der »Zaddiks«, wie Martin Buber sie in seinem Buch »Erzählungen der Chassidim« (siehe Literaturhinweise) aufgezeichnet hatte, schien längst versunken zu sein. Ich wußte in jenen Jahren noch nichts davon, daß es damals in New York einen lebenden jüdischen Meister gab, den »Lubavitscher Rebbe« Menachem Mendel Schneerson. Inzwischen gibt es ein Buch über seine Lehren mit dem Titel »Den Himmel auf die Erde bringen« (O. W. Barth Verlag).

In diesen Monaten der Suche wies mein Schwager Dr. rer. nat. Ernst Rémy mich auf Paramhansa Yogananda und sein Buch »Autobiographie eines Yogi« hin, das ich regelrecht verschlang. Es handelt von der Suche eines jungen Burschen nach Wahrheit und Sinn. Es beschreibt, wie der Autor zu einem geistigen Lehrer findet. Mühselig, wie wir alle, arbeitet er daran, die Hoffnung auf Sinn und den Glauben an Gott mit unmittelbarem inneren Erleben höherer Bewußtseinsebene und aktiver Nächstenliebe zu verbinden. Dabei gelangt er schließlich an sein Ziel.

Ich ging zum Münchner Yoga-Forum, las Bücher von und über Ramakrishna und Ramana Maharshi – eine ganz neue Welt der indischen Religiosität und mystischen Erfahrungen tat sich auf. Ich wollte selber eigene Erfahrungen machen. So fragte oder »betete« ich lange Zeit hindurch, jeden Tag, etwa zehn bis fünfzehn Minuten: »Herr, wenn es dich gibt, möchte ich zu dir kommen.« In der Folgezeit ergaben sich eine Fülle von Entwicklungen, die mich schließlich zu den Büchern von Sant Kirpal Singh führten. Nachdem ich zwei gelesen hatte – »Das Mysterium des Todes« und »Karma – Das Rad des Lebens« –, wußte ich, daß ich endlich »angekommen« war. Kirpal Singh lebte zu diesem Zeitpunkt nicht mehr – und inzwischen hatte ich gelernt, daß ich einen lebenden Meister brauchte, um weiterzukommen. Obwohl es dann noch eine ganze Reihe von Jahren dauerte, bis ich bei einem kompetenten Meister saß – Sant Darshan Singh war der entscheidende Wendepunkt –, versuchte ich mir selbst gegenüber ehrlich zu sein und mich um Wahrheit zu bemühen, nicht aber blinden Glauben zu entwickeln oder mich um mein Ansehen zu kümmern.

Wenn ich meine eigenen Erfahrungen und mein begrenztes Wissen um Spiritualität in wenigen Worten zusammenfassen sollte, würde ich aus meiner heutigen Sicht vier Dinge sagen:
1. Bitten Sie Gott, Jahve, Allah, die Buddhakraft, die Große Mutter, oder wie immer Sie die Schöpferkraft nennen, um Hilfe, damit Sie Ihren Lebenssinn erkennen und erfüllen.

2. Suchen Sie die Gegenwart von geistigen Lehrern und lernen Sie von ihnen.

3. Bitten Sie Gott darum, daß er Ihnen offenbart, welcher Meister-Heilige Ihnen helfen und Sie zu sich selbst und zu Gott führen kann.

4. Bleiben Sie wach und eigenverantwortlich, kritisch und selbstkritisch, offen, suchend und tolerant.

> Die Seele stammt vom Himmel. Nun, da ich mich meiner Heimat erinnere, bringt jeder Augenblick Tränen in meine Augen. *Mira Bai*

Als ich im Herbst 1996 in Polen einen Vortrag über die verborgene Botschaft der Bibel und die »Christus-Meditation« hielt, geschah folgendes. In einem sich anschließenden ganztägigen Seminar am nächsten Tag sahen drei Teilnehmerinnen in ihrem Inneren Jesus. Ich schlug ihnen vor, daß sie beim nächsten Mal, wenn sich Jesus ihnen offenbaren würde, ihn doch fragen sollten, was sie für ihren spirituellen Fortschritt neben Gebet, Bemühung um ein ethisches Leben und Befolgung der christlichen Lehren weiter unternehmen sollten.

Im Verlauf desselben Seminars erschien Jesus einer Frau ein zweites Mal. Sie berichtete, daß sie ihm diese Frage gestellt habe und er geantwortet habe: »Finde einen lebenden Heiligen und lerne bei ihm. Fünf weitere Frauen aus diesem Kreis werden dies auch tun.« Am Ende des Tages offenbarte sich Jesus noch ein drittes Mal. Auf die Frage dieser Frau, wie sie heutzutage denn einen Heiligen finden und erkennen könne, antwortete er, sie solle zu dem Heiligen gehen, der bereits als Meister für den Leiter des Seminars wirke.

Der Mythenforscher Hans-Hasso von Veltheim-Ostrau, mein leider früh verstorbener Großonkel, lernte auf seinen zahlreichen Weltreisen nach Asien und Afrika viele faszinierende Menschen kennen. Er interessierte sich schon früh für die Gesichter und Formen der Kulturen auf unserer Erdkugel. Er war den Zusammenhängen zwischen Völkern und ihren Religionen, zwischen Formen der Materie und Erfahrungen des Geistes auf der Spur.

Bei einer seiner Reisen nach Südindien, kurz vor Ausbruch des zweiten Weltkriegs, begegnete er einem großen Menschheitslehrer am Fuße des Berges Arunachala, südlich von Madras, dem Weisen Ramana Maharshi. Über sein Erleben berichtete er in seinen als Buch herausgegebenen Tagebuchaufzeichnungen auf folgende Weise:

»Nachdem ich mir die Übersetzung notiert hatte, schaute mich der Maharshi im Samadhi (Zustand der Erleuchtung; Anm. d. Autors) an. Die Svamis und Brunton hörten sogleich mit ihren Fragen an mich auf ... Wir (der Maharshi und ich) sahen uns nun gegenseitig in die Augen. Wie lange, könnte ich nicht sagen, denn ich kam in einen fast körperlosen und daher fast ebenso raumlosen Zustand, in welchem auch die gewohnte Zeit ihre Gewichtigkeit verliert. ...

Ich fühlte um mich alle die Menschen und Geschöpfe, mit denen ich je in Berührung gekommen war – ob lebend oder verstorben –, und in einem unsagbaren Frieden stand ich problem- und affektlos zu ihnen, unpersönlich und doch voll wärmender Liebe. ... Ich wünsche nur, mich in meiner Todesstunde seiner recht deutlich zu erinnern.

Meine Augen in die goldenen Gründe des im Samadhi weilenden Maharshi getaucht, trat nun etwas ein, was ich nur mit größter Scheu in aller Bescheidenheit, der Wahrheit gemäß, ganz kurz und einfach zu sagen vermag. Die tiefe Schwärze seines Körpers verwandelte sich allmählich in Weiß. Dieser weiße Körper wurde hell und heller, als ob er von innen erleuchtet wäre, und begann zu scheinen!«
(Hans-Hasso von Veltheim-Ostrau, Der Atem Indiens, Claassen Verlag, Hamburg 1959, S. 263f.)

Lehrer, Heilige oder Meister – wenn es sich wirklich um solche handelt –, rufen bei den dafür empfänglichen Menschen Erfahrungen hervor, die weit über die normale Sinneswahrnehmung hinausgehen und Herz und Seele gleichermaßen erfassen, erheben und mit einer neuen Bewußtseinskraft erfüllen, die uns durchaus erschauern lassen kann.
Eine mir bekannte ältere Dame, die früher als Redakteurin gearbeitet hatte, Hilde Dressel, beschreibt ein ähnliches Erlebnis, das sie nach langen Jahren der Suche nach einem spirituellen Lehrer in der Gegenwart des Meditationsmeisters Sant Kirpal Singh erfahren durfte.

»Bis zum Jahre 1963 wußte ich nur durch Bücher, daß es Meister gegeben hat, Gottgeeinte, die bewußt bis zum Absoluten, zum Urgrund des Seins, vorgedrungen waren. Dieser Gedanke faszinierte mich, machte mich aber auch manchmal traurig. Warum mußte ich auch in einer Zeit leben, in der sie auf Erden nicht mehr erreichbar waren! ...
Zu Füßen eines Meisters zu sitzen, welch eine Gnade müßte

das sein! Aber so etwas gab es eben nicht mehr im Jahre 1963, in dieser nüchternen Zeit. ...

Warum sollte ein Meister, wenn er je irgendwo in der Welt noch leben würde, seine Mission in den westlichen Kulturraum ausweiten, wo sein Wesen und Handeln nur Befremden auslösen und seine Worte fremde Vokabeln sein würden? ...

In Frankfurt am Main sah ich ihn im Juni 1963 bei einem seiner spirituellen Vorträge zum erstenmal; eine hohe, kraftvolle Gestalt mit einem langen weißen Bart, einer schönen breiten und doch hohen Stirn, strahlenden Glanz in den leuchtenden Augen unter den buschigen Brauen. ...

Als ich später Bekannten von diesem Vortrag erzählen wollte, konnte ich keinen einzigen Gedanken wiedergeben, weil sich etwas Seltsames ereignet hatte: Ich saß kaum zwei Meter von Sant Kirpal Singh entfernt und fühlte mich wie getragen, als ob ich in einem Nachen auf silbernen Wogen wohl geborgen dahinglitte. Um dieses Erlebnis voll auszukosten, schaltete ich das Zuhören einfach ab. Ich wußte, mich hatte das Kraftfeld einer menschlichen Aura erfaßt, die viele Male lichter und stärker war als die eines gewöhnlichen Sterblichen. Als ich Sant Kirpal Singh später in Nürnberg wieder begegnete, hatte ich den Eindruck, als ob es lichte Strahlen um ihn ›regnete‹.«

(Hilde Dressel, Dem Vollendeten begegnet, Günther Verlag, Stuttgart 1974, S. 9ff.)

Wer kennt sie nicht – die Sehnsucht nach einem Heiligen, einem Meister, einer erleuchteten Seele, die voller Güte und Gnade Licht in unsere Herzen strahlen läßt, uns in Liebe annimmt, so wie wir jetzt sind, und unser geistiges Auge auf kundige Art für die Erkenntnis über die »ersten« und die »letzten Dinge« und die Weisheit eines wahrhaft menschenwürdigen Lebens öffnet?

Aus fernen Zeiten hören wir Stimmen und lesen wir Aussprüche von Seelen, die auf dieser Erde wandelten und das Mysterium des Lebens und des Todes gelöst hatten, die das Paradox vom Geist in der Materie überwunden und die in sich selbst ein ewiges sowie allumfassendes Bewußtsein von Licht und Liebe gefunden hatten.

Die meisten unter uns werden sich vielleicht von der einen oder anderen großen Gestalt angesprochen fühlen, die ich in Erinnerung rufen möchte:

- *Moses,* dem Gott sich im brennenden Dornbusch als flammendes Licht offenbarte und der zum Bunde mit Gott eingeladen wurde;
- Der chinesische Weise *Lao Tse,* der das duale Urprinzip von Yin und Yang, von Dunkelheit und Licht in der Einheit des unnennbaren Tao erfüllte und aufhob, und der in der Kraft des Tao aufging;
- *Prinz Gautama,* der zum Buddha wurde und den »mittleren Weg« der äußeren und inneren Gelassenheit vorlebte und dem inneren »tönenden Licht« folgte;
- *Jesus von Nazareth,* der zum Träger der Christus-Kraft wurde und die Botschaft von der Erlösung der Seele durch die wahre Taufe mit dem Heiligen Geist und mit Feuer brachte;
- *Mohammed,* der vom Erzengel Gabriel die Offenbarung

der Einheit, Allmacht und Allgegenwart Allahs, des Einen Gottes, empfing;

- *Kabir,* der energisch die notwendige Rückverbindung der menschlichen Seele mit der innewohnenden Gotteskraft von Licht und Klang jenseits aller Riten und Dogmen vertrat, um erlöst zu werden;
- *Franziskus von Assisi,* der inneren Frieden in Gott suchte, Gott in der ganzen Schöpfung wiederfand und so auch die Tiere als seine Brüder betrachtete;
- *Guru Nanak,* der die Tradition der lebenden spirituellen Lehrer für die Neuzeit wiederbegründete, welche den Aspiranten die Verbindung mit dem »Wort«, »Naam«, »Shabd« oder »Heiligen Geist« gaben;
- *Hazur Baba Sawan Singh,* der das Licht des Ostens in den Westen strahlte und den Weg des »Sant Mat«, der »Heiligen Wissenschaft«, auf eine moderne Weise darstellte;
- *Sant Kirpal Singh,* der die »Weltgemeinschaft der Religionen« und die »Einheit der Menschen« begründete und so zum interreligiösen und zwischenmenschlichen Austausch beitrug, über alle Grenzen von Rasse, Sprache, Religion, Nationalität hinweg;
- *Sant Darshan Singh,* der Mystiker und Poet, hohe Regierungsbeamte und Meditationsmeister des inneren Lichts und Klangs, der die Verkörperung der Liebe war.

Wie viele mehr wären zu nennen? Wer die Bücher »In dir ist das Licht« von K. O. Schmidt (siehe Literaturhinweise), »Die großen Eingeweihten« von Edouard Schuré (O. W. Barth Verlag) und »Das große Lesebuch der Mystik« (siehe

Literaturhinweise) gelesen hat, wird wissen, daß es noch viele mehr gäbe, die zu erwähnen wären.

Was sind spirituelle Lehrer und Meister? Diese Frage hat Sant Kirpal Singh einmal auf folgende Weise beantwortet:

> Ein vollendeter Meister leitet die Seele wahrhaftig
> aus der Dunkelheit zum Licht,
> aus dem Unwirklichen zum Wirklichen
> und vom Tod zur Unsterblichkeit.
> Er ist ein unfehlbarer Freund
> auf Erden und im Jenseits.

> Wenn einer seine Geschäfte maschinenmäßig betreibt, bekommt er ein Maschinenherz, und dem Geist geht der Sinn verloren.
>
> *Dschuang Dsi*

Im hohen geistigen Sinn ist ein Meister ein Mensch, der uns ganz konkret dazu anleiten und dabei durch eigenes Vorbild und praktisch anwendbare Methoden helfen kann zu erkennen, wer wir sind, warum wir leben, woher wir vor der irdischen Geburt kommen, wohin wir nach dem körperlichen Tod gehen. Der Meister erklärt uns, ob es »Gott« gibt, wie man mit »Ihm« in diesem Leben bewußte Verbindung aufnehmen kann, und wie wir Sinn und Erfüllung sowohl im irdischen als auch im geistlichen Leben finden.

Das sind allerhöchste Ideale, die keineswegs von allen Lehrern und Meistern gelehrt, angestrebt oder gar erfüllt werden. Es gibt eine Fülle von Fragen zu dem Thema »Lehrer und Meister«, das einerseits für jeden geistig interessierten Menschen von großer Bedeutung ist, andererseits aber wegen so häufiger Ungereimtheiten und Fragwürdigkeiten in bezug auf Personen und Methoden zu Recht mit großer Skepsis geprüft werden muß.

Wichtige Fragen, die sich zu diesem Thema stellen sind:
- Für welche geistigen Wege und Bereiche gibt es welche LehrerInnen?
- Warum brauchen wir LehrerInnen überhaupt?
- Wie kann man LehrerInnen erkennen und einordnen?
- Welche Fähigkeiten sollten LehrerInnen besitzen?
- Welche ethischen Vorbildfunktionen müssen sie erfüllen?
- Wie steht es um die leidige Frage nach dem Geld?
- Welchen Chancen stehen welche Risiken gegenüber?
- Wie kann man Abhängigkeiten vermeiden?
- Wie findet man den »richtigen« Lehrer?

Auf solche Fragen und andere Aspekte soll Ihnen das Buch Antworten anbieten. Sie erleichtern es Ihnen, Ihre eigene Unterscheidungskraft zu schärfen und sich selbständig ein persönliches Urteil zu bilden.

Ich hatte das große Glück, zahlreichen geistigen Lehrern und einigen Meistern zu begegnen. Ich mußte mich auf meinem Weg damit auseinandersetzen, daß ich Mitmenschen manchmal falsch eingeschätzt und mich einmal sogar von einem Scharlatan und spirituellen Betrüger habe fehlleiten lassen. Allen bin ich dankbar, weil ich etwas gelernt habe.

Dazu eine amüsante Geschichte aus dem Sufitum, über den legendären Mullah Nasrudin, bei dem man nie genau wußte, ob er ein spiritueller Till Eulenspiegel oder ein echter Lehrer

war – oder beides. Sie zeigt, daß man den Begriff eines geistigen Lehrers sehr unterschiedlich sehen kann.

»Nasrudin beschloß, als Guru aufzutreten. Er wählte eine
bestimmte Stadt aus und erklärte öffentlich, daß der ortsan-
sässige Weisheitslehrer ein Ignorant sei. Nasrudin ver-
sprach, seine Behauptung am folgenden Tag auf dem
Marktplatz durch eine einzige Frage zu beweisen.
Der aufgebrachte Ortsheilige erschien zur vorgeschlagenen
Zeit auf dem Marktplatz; alle Bewohner waren zugegen.
»Ich werde diesem Herrn nun eine Frage stellen«, sagte Nasrudin der Versammlung, »und wenn er sie nicht beantworten kann, werdet ihr alle wissen, wer von uns der Narr ist.«
Sodann wandte sich Nasrudin an den Weisen, der sich ausge-
zeichnet in der geheiligten arabischen Sprache auskannte, und
sprach: »Sag mir, was Marafsh bedeutet?« »Ich weiß es nicht«,
sagte der Weise, indem er diesen arabischen Begriff übersetzte.
Die Bewohner vertrieben ihn daraufhin aus ihrer Stadt.
Als er auf seinem Weg aus der Stadt Nasrudin auf der Straße
traf, sagte der Weise: »Du hast mich hereingelegt.« »Wie lange
bist du der hier ansässige geistige Lehrer gewesen?«, fragte
Mullah Nasrudin zurück. »Dreißig
Jahre«, antwortete der andere.
»Und dann ist die einzige Weisheit, die du den Menschen hier
beigebracht hast, wie man hereingelegt wird?«

> Wahrheit ist meine Religion,
> und Nicht-Verletzen ist die
> einzige Weise,
> sie zu verwirklichen.
>
> *Mahatma Gandhi*

2 Brauchen wir Lehrer, brauchen wir Meister?

Wir brauchen Lehrer in jedem Bereich des Lebens und haben sie auch in fast jedem Lebensbereich gehabt. Sie haben Ihre Muttersprache vermutlich von Mutter und Vater gelernt. Sie haben lesen, schreiben und rechnen von einem

> Jedes menschliche Wesen ist ein Wesen, das danach strebt, Sinn zu finden, der erfüllt wird, oder Menschen zu begegnen, um geliebt zu werden. *Viktor Frankl*

anderen Menschen gelernt, meist von Grundschullehrern, manchmal auch von den Eltern, Geschwistern oder Freunden. Wenn Sie weiter überlegen, werden sie auf fast unzählig viele LehrerInnen kommen, die Sie in der Vergangenheit hatten.

Lehrer sind für uns Menschen genauso notwendig, wie eine Mutter oder notfalls ein anderer Erwachsener für ein neugeborenes Kind wichtig ist. Wer sollte sich sonst um das hilflose Baby kümmern? Allein kann es sich noch nicht versorgen. Aber ein einziger Erwachsener, der bestimmte Fähigkeiten und Liebe besitzt, kann sich um viele kleine Kinder kümmern und ihnen helfen, körperlich und geistig heranzuwachsen.

Daß wir Lehrer brauchen, wird sicher kein Mensch ablehnen oder bestreiten. Wie steht es aber mit »Meistern«? Im 4. Kapitel finden Sie eine detaillierte Erklärung bzw. Unterscheidung zu diesen Begriffen. Doch wollen wir schon an dieser Stelle kurz darüber nachdenken, ob Meister genauso wichtig sind wie Lehrer oder nicht?

Wer könnte sich schon selbst am Schopfe aus einem Sumpf herausziehen, wie der legendäre Baron von Münchhausen? Wer könnte ohne kundigen Führer zu einer Oase und zur lebensrettenden Quelle finden, wenn er sich in der Nacht in einer ihm völlig fremden weiten Wüste verirrt hätte? Was nutzte es dann schon, wenn man wüßte, daß es Wasser gibt, das manchmal auch »aqua« oder »pani«, »water« oder »eau«, »woda« oder »agua« genannt wird? Was nutzte es, wenn man zwar eine Karte hätte, diese jedoch in der Dunkelheit gar nicht lesen könnte und auch keinen Kompaß hätte, um die Himmelsrichtungen nach den Sternen zu bestimmen?

In dieser Situation – eines in einer weiten Öde und undurchdringlichen Finsternis umherirrenden, verdurstenden Menschen – befinden wir uns als Seelen, als Bewußtsein. Wir haben Angst vor dem Leben und Angst vor dem Sterben, wir wissen nicht, woher wir vor der Geburt kamen und wohin wir nach dem Tode gehen. Wir wissen nicht, wer wir sind und warum wir hier sind.

Falls Sie diese Feststellung für übertrieben halten sollten: Denken Sie nur an die vielen leidenden und verzweifelten Menschen weltweit. Denken Sie an die unmenschlichen Taten, die wir uns gegenseitig antun: Unterdrückung und Ausbeutung, Diebstahl und Vergewaltigung, Folter und Mord. Unsere Alltagsprobleme, wie Streß, Krankheiten, Psycho-Trips, Ego-Verhalten verblassen dagegen.

Wo auf der Welt besteht eine Kultur der sozialen und gesellschaftlichen Harmonie, des wirtschaftlichen und religiösen
Friedens? Wo sind wir uns darin einig, daß wir gemeinsam
Hunger und Not beseitigen? Was ist denn eigentlich unser
wahres Mensch-Sein?

Heilige und spirituelle Meister leben uns vor und lehren bzw. leiten
dazu an, wie wir ein menschenwürdiges Leben führen können,
wie Hilfsbereitschaft und Lebens-
freude, aktive Anteilnahme am

> Meditation als Übung auf
> dem geistlichen Wege erfüllt
> ihren Sinn nur als Übung
> zur Verwandlung!
> *Karlfried Graf Dürckheim*

weltlichen Leben und Bewältigung der jeweiligen Heraus-
forderungen erst dann wirklich gelingen können, wenn der
Mensch entdeckt, daß er mehr als nur Körper, Gemüt und
Verstand ist.

Sie leben die Liebe zu Gott, weil sie durch die Hilfe ihrer
Lehrer erst sich selbst als Seele und Bewußt-Sein, als geistige
Kraft oder ewiges Selbst erkannt haben, und dann als Seele
in Gott aufgegangen sind. Sie leben deshalb aus dieser Einheit mit dem göttlichen Bewußtsein die Liebe zu allen Menschen, zu allen Geschöpfen, jeden Tag, auch im sogenannten
Alltag.

»Es ist sehr schwer, ein wahrer Mensch zu werden. Wenn
man einmal wirklich ein Mensch geworden ist, dann es ist
sehr leicht, Gott zu finden.« Das ist eine Aussage von Sant
Kirpal Singh. »Selbsterkenntnis kommt vor Gotterkenntnis«, pflegte er zu betonen, und »Ethik ist ein Sprungbrett
zur Spiritualität.«

Brauchen wir Meister? Ja, denn ein Meister ist jemand, der das Ewige in jedem Menschen in sich selbst erkannt hat und lebt, der Zugang zur inneren Quelle des ewigen Lebens hat. Er kennt den Weg. Er kann als kundiger Reiseleiter anderen helfen, auch unter noch so unerbittlichen Umständen des Schicksals, den kürzesten Weg durch die Wüstenei von Unwissen, inneren Mängeln und äußeren Widerständen zur einzig rettenden Oase der ewigen, göttlichen Seele zu finden.

> Das Leben beginnt mit dem Wissen um die Vielfältigkeit, aber das Bewußtsein der Einheit ist der Höhepunkt des Lebens.
>
> *Hazrat Inayat Khan*

Es ist offensichtlich, wenn wir etwas tiefer darüber nachdenken, daß wir Lehrer brauchen. Nicht ganz so klar ist den meisten vermutlich, daß und warum wir Meister brauchen. Und noch undeutlicher dürfte eine leicht nachvollziehbare Unterscheidung zwischen Lehrern und Meistern, Dilettanten und Scharlatanen sein. Nach dieser ersten Einstimmung ins Thema gehe ich in den nächsten Kapiteln mehr in die Tiefe.

3 Für welche geistigen Wege und Bereiche gibt es welche LehrerInnen?

Man kann das weite Feld von Religion, Metaphysik und Esoterik in vier große Bereiche unterteilen, nämlich in klassische Esoterik, Heilkunde, Mystik und Meditation sowie Magie.

> Das Reich Gottes kommt nicht mit äußeren Gebärden, es ist inwendig in dir!
> *Jesus Christus*

Klassische Esoterik

Die klassische Esoterik umfaßt Gebiete wie Astrologie, I Ging, Kabbala, Numerologie, Alchemie und Tarot. Für jedes Gebiet gibt es eine Vielzahl von Traditionen und Lehren, von Methoden und Mitteln. Daß es Lehrer für diese Gebiete gibt, ist bekannt; einige von ihnen haben es zu wahrer Meisterschaft auf ihrem Gebiet gebracht.

Die Chancen, sich mit Themen der klassischen Esoterik zu beschäftigen, liegen darin, daß der einzelne einen größeren, geistigen Bezug zu seiner Existenz und seinen persönlichen Lebensthemen sowie deren tieferen Hintergründe und Entwicklungsmöglichkeiten entdeckt. Eine Gefahr besteht immer dann, wenn ein Teilbereich oder die Teilmethode schon für das Ganze gehalten wird.

Jeder mir bekannte Einzelweg aus der klassischen Esoterik kann wundervolle neue Erkenntnisse bringen und stellt unter

Umständen ein gutes Sprungbrett zur weiteren spirituellen Entwicklung dar. Er kann aber nicht zum überkörperlichen Erleben des göttlichen Lichts auf der Ebene der Seele führen.

Ich selbst habe mich mit viel Freude in Teilbereiche der Esoterik eingearbeitet und beschäftige mich mit einigen auch weiterhin recht intensiv, vor allem mit Astrologie und Tarot. Meinen Lehrern und Lehrerinnen auf diesen Gebieten bin ich von Herzen für ihre Anleitung dankbar.

Einige möchte ich ausdrücklich erwähnen: in der Astrologie den vor kurzem still in eine andere Welt hinübergegangenen, lieben väterlichen Freund und undogmatischen Astrologen und Mythenforscher *Bernd A. Mertz,* den schon früher verstorbenen Philosophen, Psychologen und Astrologen *Dane Rudhyar* (dessen Buch »Astrologie der Persönlichkeit« von mir erstmals auf deutsch herausgegeben wurde) und den psychologischen Astrologen und Begründer von Astrodata, *Claude Weiss.* Im Tarot habe ich wenige Kurse von Bernd A. Mertz besucht und mir das meiste im Selbststudium angeeignet. Von der Schwarzweißmalerei der üblichen Tarotinterpretationen hielt und halte ich wenig. Statt dessen habe ich eine Methode entwickelt, wie man als Berater alle Tarotkarten sinnvoll und hilfreich deuten kann, ohne die Frage zu kennen! In der Chirologie sind die kundige *Rita Issberner-Haldane,* die herzlichfrische *Christiane Eisler-Mertz* und der Amerikaner *John Starr* als kompetente Lehrer zu nennen.

> Veränderungen im Bewußtsein werden von Schwingungen begleitet werden, die sich auf andere übertragen.
> *Annie Besant*

Heilkunde

Heutzutage wird die sogenannte Schulmedizin immer aufge-
schlossener für »unsichtbare« Ursachen der Heilung von
Krankheiten. Die Naturheilkunde entdeckt und nutzt immer mehr Wissen aus den Erfahrungen in der Gesundheits-
pflege, wie sie in verschiedenen Kulturen rund um den Erd-
ball gemacht wurden.

Darüber hinaus spielt jedoch der Zusammenhang zwischen
spiritueller Bewußtheit, seelischer Harmonie sowie physi-
scher und psychischer Gesundheit eine immer größere Rolle.
Hier sehe ich einen positiven Einbruch der Metaphysik in
das Gesundheitswesen.

Diesen Ansatz versuche ich zusammen mit anderen Menschen in »Gesundheitstagen« zu verbreiten, die an mehreren
Orten im deutschsprachigen Raum stattfinden. Dort halten
erfahrene Ärzte, Heilpraktiker, Apotheker und Psychologen
Vorträge und Seminare.

Zu den LehrerInnen der Heilkunde gehören sowohl die
»neuen Hexen«, also Frauen, die das intuitive Wissen um
Heilung wiederentdecken, als auch prominente Ganzheits-
mediziner, wie *Edward Bach, Deepak Chopra* und *Larry
Dossey.* Vielen LehrerInnen auf dem Gebiet der geistig inspi-
rierten Heilkunde bin ich zu großem Dank verpflichtet. Stell-
vertretend nenne ich gern die Heilpraktikerin *Ingrid Kraaz,*
die als eine der ersten ganzheitliche »Schwingungs-Medizin«
erforscht und angewendet hat, die Begründerin der Alta Ma-
jor-Methode *Divo Köppen-Weber,* die Krankengymnastin
Gabriele Baudisch, die Heilpraktikerin *Beate Sprissler,* die

sich besonders um die Traditionelle Chinesische Medizin verdient macht, die Heilpraktikerin *Iris Bleeck,* die sich mit dem »Schatten« und mit der symbolischen Bedeutung von Krankheiten auseinandersetzt, und die Heilpraktikerin *Suzan H. Wiegel,* die neben ihrer Ausbildung als Aura Soma-Expertin u. a. eine führende Kahuna-Medizin-Fachfrau ist. Im Büchlein »So bleiben Sie gesund« (siehe Literaturhinweise) habe ich versucht, die wichtigsten einfachen und zudem kostenlosen Methoden zur Gesunderhaltung leicht anwendbar darzustellen.

Meditation, Positive Mystik

Spirituelle Meditation ist der »Königsweg« zur Lösung aller Probleme, sie ist das Allheilmittel gegen alle Leiden, sie ist das Geburtsrecht aller Seelen, um die Rückverbindung (Re-ligio) mit der einzigen Quelle des ewigen Glücks zu erlangen.

Es gibt viele, viele LehrerInnen, die sich um Meditation bemühen – zur Entspannung, zur Erbauung, zur Erlangung innerer Erfahrungen (z. B. durch kreative Visualisation oder Imagination). Der Begriff Meditation wird inzwischen so inflationär verwendet, daß man bald gar nicht mehr weiß, was keine Meditation sein sollte. Eigene Vorstellungen und mentale Affirmationen werden als Meditation bezeichnet, gemüthafte Phantasien oder kurzzeitige Einblicke in die Astralebene werden ebenfalls als Meditation ausgegeben.

Meditation beginnt – nach der klassischen Definition des

Lehrers Vivekananda –, wenn der menschliche Geist zwei-einhalb Minuten lang einpunktig konzentriert ist. Erst dann beginnt Meditation! Mehr zu diesem Thema im wunderbaren, tiefgründigen, und dabei doch leicht verständlichen Buch »Kraft der Seele« des zeitgenössischen Meditationsmeisters Sant Rajinder Singh (siehe Literaturhinweise).

Gleich, um welche Form von Meditation es sich handelt, ohne LehrerIn wird man im allgemeinen nicht sehr weit kommen. Es gab und gibt nur sehr wenige Mozarts, die kaum eine Anleitung brauchen, um vollendet zu komponieren – und doch brauchte auch er einen Lehrer, seinen gestrengen Vater Leopold. Und falls er ihn nicht gebraucht haben sollte, er hat ihn dennoch gehabt!

Es mag sein, daß Sie auch ohne LehrerIn einige Meditationserfahrungen machen können oder einige innere, echte mystische Offenbarungen geschenkt bekommen. Wie aber soll es dann nach den vielleicht ersten schönen, farbigen, lichterfüllten Ausblicken in eine der unteren inneren Ebenen weitergehen? Wenn wir Shambala, die sagenumwobene Himmelsstadt im Himalaja erreichen wollen, reicht es nicht, im Flugzeug bis nach Delhi gekommen zu sein.

Ich kenne keinen einzigen lebenden Menschen, der ohne Lehrer merkliche Fortschritte oder gar entscheidende Durchbrüche in der Meditation hätte machen können. Ich kann nur jedem raten, gerade in der Meditation sich einem kompetenten, seriösen Lehrer anzuvertrauen.

Noch ein Wort zur »positiven Mystik«. Angelus Silesius, ein christlicher Mystiker und geistiger Lehrer, hat im Cherubi-

nischen Wandersmann in seinen Merksprüchen und spirituellen Anleitungen gedichtet:

> »Wer seine Sinne ins Inn're hat gebracht,
> der hört, was man nicht red't und siehet in der Nacht.«

Nach innen zu gehen bedeutet jedoch nicht, sich vom Alltag
abzuwenden, sich als Eremit in eine abgeschiedene Klause
zurückzuziehen und der Welt den Rücken zu kehren. Der
bedeutende spirituelle Meister Sant Darshan Singh, der den
Begriff »positive Mystik« geprägt hat, forderte vielmehr dazu auf, sowohl ganz im Hier und Jetzt als auch in der Ver-
wurzelung im Ewigen zu leben und zu wirken.

Wir sollen, so sagte er, bei bestmöglicher Gesundheit sein
und uns dementsprechend verhalten und ernähren, wir sollen unser emotionales Potential der Herzensöffnung und
Sensibilität entdecken und entfalten, wir sollen unseren Verstand kreativ entwickeln und größtmögliche weltliche Erfol-
ge erzielen, natürlich nicht zu Lasten oder zu Ungunsten
anderer Menschen. Gleichzeitig müssen wir auch den Urgrund und die Urkraft unserer Seele, unseres Bewußtseins
erforschen und aus dieser überpersönlichen Quelle der Liebe
und des Lichts leben. Erst dann können wir unsere weltlichen Herausforderungen wirklich bestehen und das Rätsel
von Leben und Tod lösen.

> Was hülfe es dem Men-
> schen, wenn er die ganze
> Welt gewönne und nähme
> doch Schaden an seiner
> Seele? *Jesus Christus*

Ohne ein lebendes Vorbild für
diese Form der Mystik – des tätigen Lebens im Bewußtsein der
Göttlichkeit der Schöpfung und

der erlebten Verbindung der Seele mit ihrem Ursprung –, ohne einen Lehrer, der die Theorie erklärt, die Praxis vorlebt und uns außen und innen helfen und begleiten

> Seid in der Welt, seid nicht von der Welt.
>
> *Meister Eckehart*

kann, ist die Verwirklichung dieses hohen und doch für jeden Menschen erreichbaren Ziels kaum möglich.

Auch hier nenne ich einige wichtige LehrerInnen: Bei *Professor Gollwitzer* an der FU Berlin hörte ich vergleichende Religionswissenschaft und begann, christliche Mystiker zu studieren, las *Martin Bubers* wunderbare Einführung in die jüdische Mystik und hatte später Gelegenheit, mich mit christlichen Lehrern wie *Enomyia Lasalle, Pater Willa Massa, Professor Andreas Resch* und *Padre Maximilian Mizzi* auszutauschen.

Im Yoga waren meine wichtigsten LehrerInnen *Anneliese Harf* und *Paul Bergauer,* in deren Münchner Yoga-Zentrum ich viele Jahre lang die ersten Schritte zur Bewußtwerdung lernen durfte; in den tibetischen Buddhismus wurde ich von *Kalu Rinpoche* »initiiert« und durfte später gewinnbringende Gespräche mit dem *Dalai Lama* führen. Unterstützt von der Self Realization Fellowship studierte ich zwei Jahre lang die Lehrbriefe von *Paramahansa Yogananda,* nachdem ich sein großartiges Buch »Autobiographie eines Yogi« gelesen hatte; mit dem Vedanta und den Lehren *Ramakrishnas* wurde ich – über die Bücher von ihm und *Vivekananda* hinaus (siehe Literaturhinweise) – durch Begegnungen mit *Swami Nithyabodhyananda* vertrauter; in die Sufi-Mystik durfte ich durch Seminare und Gespräche mit *Pir Vilayat Khan* erste Einblicke gewinnen.

Die Krönung meiner Suche erlebte ich durch die Lektüre der Bücher von *Sant Kirpal Singh* über Karma und Tod, das innere Licht und die Sphärenmusik, den mystischen Kern aller Religionen und die Bedeutung von Heiligen (siehe Literaturhinweise). Ich bekam diese Bücher in die Hand, nachdem er gerade Abschied von dieser Welt genommen hatte. Nach einer siebenjährigen »geistigen Irrfahrt« lief ich schließlich bei seinem spirituellen Nachfolger *Sant Darshan Singh* in den »sicheren Hafen« ein. Weitere Anleitungen erhalte ich nach Darshan Singhs Weggang aus dieser Welt seit 1988 durch dessen Nachfolger *Sant Rajinder Singh*.

Meditation und Mystik, die man auch »stilles Gebet« nennen kann, wie es die Heilige Teresa von Avila tat, oder Kontemplation oder Versenkung, sind Fundament, Kern und Krönung jeder wahren Religion. Die eigene Erfahrung der Schöpferkraft bildet erst den festen Grund, auf dem Geistigkeit und Menschlichkeit wachsen können. An Lehrer auf diesem Gebiet werden besondere, höhere Anforderungen gestellt als an andere!

> Wenn ich meinen Sinn an Gott hefte, lasse ich meinen Mund reden, was er will; denn alle Worte sind dann an ihre obere Wurzel gebunden. *Baal Schem Tow*

Magie

Warum mache ich einen Unterschied zwischen »Magie« und den anderen drei genannten Hauptbereichen? Deshalb, weil das, was fehlgeleitete Menschen für »aufregend« und »faszinierend« halten – die Beschäftigung mit magischen oder okkulten Spielchen, die körperlich und seelisch mehr oder minder riskant sein können –, immer mehr um sich zu greifen scheint.

Bei meiner Yogalehrerin Anneliese Harf hatte ich zum ersten Mal von der Bedeutung der rechten Motivation gehört. Für mich bedeutet Magie: Immer, wenn ich selbstsüchtige, egoistische Motive bei der Beschäftigung mit Esoterik und Metaphysik verfolge, wenn ich andere Menschen beeinflussen, ihren freien Willen »ausschalten« und durch meinen ersetzen will, oder wenn ich gar Methoden erlernen und anwenden möchte, um anderen Menschen zu schaden, dann handelt es sich für mich um »Magie«. Die sogenannte »schwarze Magie« und der »Satanskult« sowie die täuschenden Schimären und deren vermeintliche »Bewußtseinsöffnungen« durch halluzinogene Drogen oder elektronische Mittel lehne ich als unmoralisch und zerstörerisch ab.

Es gibt Lehrer auf diesen Gebieten, aber noch mehr Scharlatane und Betrüger. Für mich zählen alle Formen von Séancen, spiritistischen Anrufungen, die sogenannten Jenseitskontakte sowie Trance- und Hypnosemethoden (außer bei der Suchtbekämpfung), vor allem zu »Rückführungszwekken« zur abzulehnenden Magie. Dazu zähle ich auch Sexualmagie, angebliches »geistiges Heilen« und »Energieübertragung«, natürlich auch Beschwörungen, die Anwendung von »Zauberformeln« und unter Umständen auch das sogenannte »Channeln«, also mediale Übermittlungen. Aufgrund meiner bisherigen spirituellen und psycho-sozialen Erfahrungen halte ich alles für entweder unwichtig, irreführend, betrügerisch, seelisch belastend oder sogar für (selbst-) mörderisch.

Wenn wir uns auf eine Reise in die geistige Entwicklung, die Bewußtseinserweiterung begeben, sollten wir wenigstens wissen, für welchen Weg wir uns entscheiden und welche Art von Lehrer oder »Reiseleiter« dafür notwendig ist. Wir sollten uns darüber im klaren sein, ob wir Heilkunde betreiben oder uns esoterisch informieren, ob wir in Bereiche der Magie abgleiten, oder ob wir die ersten Schritte zu einer echten Meditationserfahrung machen. Nach dem universellen Gesetz der harmonischen Resonanz ziehen wir übrigens immer die Kräfte an, die wir als ein wesentliches Element in uns selbst tragen.

> O Bruder, laß diese Chance der menschlichen Geburt nicht ungenutzt verstreichen.
>
> *Kabir*

4 Lehrer–Meister–Guru: Klärung der Begriffe

Die Bedeutung dieser Begriffe ist oft umstritten. Vor allem »Meister« und noch mehr das Wort »Guru« lösen in der heutigen Gesellschaft meist Abneigung oder Ablehnung aus. Es hat sich jedoch immer als hilfreich erwiesen, sach-

> Bei wem Form und Gehalt im Gleichgewicht sind, der ist ein Edler. Der Edle achtet bei allem seinem Tun darauf, mit sich selbst im Einklang zu bleiben. *Konfuzius*

liche Nachforschungen und eigene Überlegungen an die Stelle von unbewußten Prägungen und kollektiven Vorurteilen zu setzen.

Lehrer

Mein Herkunftswörterbuch teilt mit, daß die Grundbedeutung des Wortes Lehre »rechter Weg« sei. Ein Lehrer ist also ein Mensch, der uns den rechten Weg weist. Erinnern Sie sich noch an Ihre Lehrer – ich meine jetzt vor allem die LehrerInnen aus der Grundschule und die der späteren Schulformen?

Den meisten unter uns wird es hochwillkommen sein, wenn LehrerInnen uns den rechten Weg weisen. Sicher lehnen wir, vor allem in jüngeren Jahren, die Aufforderung zur Verantwortlichkeit und noch viel mehr die Auferlegung von (Selbst-)Beherrschung ab, also das, was man Disziplin nennt. Aber ohne die Hilfe von Menschen, die selber schon

> Entstehen des Leidens muß verlassen werden, Vergehen des Leidens muß bewirkt werden, der Pfad, der zur Vernichtung des Leidens führt, muß geschaffen werden.
> *Buddha*

zahlreiche Wege gegangen sind und diese Wege wirklich kennen, vergeuden wir unnötig viel Zeit und Energie. Und wenn es dann für manche Reisen »Reiseleiter« gibt, die uns den rechten Weg zeigen können – nämlich den kürzesten oder schönsten oder günstigsten –, dann sollten wir solche LehrerInnen freudig und dankbar aufsuchen.

Meister

Das Wort Meister leitet sich vom lateinischen »Magister« ab. Dieser Begriff wurde für Schulvorstand, Vorsteher und Leiter sowie für Gelehrte bzw. Wissenschaftler verwendet. In einem allgemeineren Sinne steht das Wort »Meister« oder »Magister« auch für »Lehrer«. Etwas zu meistern bedeutet, so ein anderes Nachschlagewerk, »lehren, erziehen, anordnen, leiten, beherrschen, vorstehen.« Und Meisterschaft heißt »Unterricht, Zucht, höchste Gelehrsamkeit oder Kunstfertigkeit« sowie »Überlegenheit«.

Heutzutage ist der »Magister« auch ein akademischer Titel, der vor allem in den Geisteswissenschaften verliehen wird und in etwa einem Diplom entspricht.

Mit dem Titel »MeisterIn« für Menschen, die es in einem Handwerk zu etwas gebracht haben, und die über ihre Lehr- und Gesellenzeit hinaus entsprechende Meisterprüfungen erfolgreich abgelegt sowie ein eigenes »Meisterstück« abgeliefert haben, sind wir vertraut. Wenn der Begriff Meister jedoch über das Handwerk hinaus verwandt wird, werden wir leicht mißtrauisch.

Dabei läßt sich schon in der Bibel nachlesen, daß »Meister« auch ein geistiger Titel war, der die höhere spirituelle Entwicklung bzw. Stellung eines Menschen bezeichnete und voller Ehrfurcht ausgesprochen wurde.

Einige Beispiele:
- »Warum ißt euer Meister mit den Zöllnern und Sündern?« (Mt. 9,11)
- »Der Jünger steht nicht über dem Meister.« (Mt. 10,24)
- »Einer ist euer Meister; ihr aber seid alle Brüder.« (Mt. 23,8)
- »Der Meister läßt dir sagen: Meine Zeit ist nahe.« (Mt. 26,18)
- »Jesus, lieber Meister, erbarme dich unser.« (Lk. 17,13)
- »Der Meister ist da und ruft dich.« (Jh. 11,28)
- »Ihr nennt mich Meister und Herr.« (Jh. 13,13).

Übrigens bedeutet »Rabbi«, die Anrede bzw. der Titel von Geistlichen des jüdischen Glaubens, ebenfalls »Herr« und »Lehrer« bzw. »mein Meister«.

Auch in der christlichen Mystik der späteren Jahrhunderte finden wir immer wieder den Begriff Meister. Am bekanntesten dürfte der Dominikanermönch »Meister Eckehart« sein, der etwa von 1260 bis 1327 lebte und als der bedeutendste Mystiker des europäischen Mittelalters gilt, und deshalb auch oft als der »Buddha des Westens« bezeichnet wird. Mehr über christliche MystikerInnen finden Sie im Buch »Das große Lesebuch der Mystik« (siehe Literaturhinweise), das Diane von Weltzien und ich gemeinsam herausgegeben haben. Dort finden Sie Kurzbiografien über etwa vierzig geistige Lehrer des Christentums, von Augustinus und Hildegard von Bingen über Johannes vom Kreuz, Theresa von Avila und Mechthild von Magdeburg bis hin zu Angelus Silesius, Jakob Böhme, Swedenborg und Lorber.

Guru

Am verpöntesten ist eigenartigerweise immer noch der Sanskrit-Begriff »Guru«. Ob dahinter Neid und Eifersucht engstirniger sogenannter »christlicher« Kirchenkreise stecken, die es zwar für selbstverständlich halten, eigene Missionare in die Welt auszusenden – natürlich auch nach Indien –, aber Zeter und Mordio rufen, wenn aus diesem Kulturkreis geistige LehrerInnen in den Westen kommen?
Und bei mancher »Propaganda« gegen angebliche »Sekten« müssen sich die Verkünder fragen lassen, wie sie es mit einem der zehn Gebote halten, »Du sollst kein falsch Zeugnis reden wider deinen Nächsten«.

Das Wort »Guru« wird unterschiedlich abgeleitet. Man findet in Lexika die Erklärung »verehrt«, »wichtig« und »schwer«. Die Silbe »Gu« heißt wörtlich Dunkelheit, die Silbe »ru« bedeutet Licht. Damit ist ein Guru ein »Licht, das die Dunkelheit auflöst«. Entsprechend lautet eine indische Definition des Begriffs: »Guru ist ein Sanskritwort, das Auflöser von Dunkelheit bedeutet. Der authentische Guru ist das Wesen, das uns aus der Dunkelheit ins Licht bringt, vom Ungewissen zur Erleuchtung. Die Beziehung zwischen Guru und Schüler geht über Zeit und Raum, über Leben und Tod hinaus. ... Wenn wir an den Guru denken oder nur mit Liebe von ihm sprechen, fühlen wir seinen Frieden.« Soweit eine Erklärung, die ich aus einer Schrift der Jains, einer indischen Religionsgemeinschaft, entliehen habe. Weitere Informationen über wichtige indische MeisterInnen finden Sie im Buch »Magisch Reisen Indien«, Goldmann Verlag, München.

Für meinen Großonkel Hans-Hasso von Veltheim-Ostrau bedeutet der Begriff Guru:
»Der asiatische Guru ist nicht ein Lehrer im westlichen Sinne, sondern mehr ein Zustand der Erkenntnis. Seine Worte sind deshalb immer überpersönlich, und er überläßt es dem Hörer, sie auf ihm gemäße Weise aufzunehmen oder unbeachtet zu lassen. Dieses Moment der Freiheit im weitesten Umfang ist im Osten und Westen wohl das sicherste und notwendigste Kriterium eines jeden, der Anspruch darauf erheben darf, Meister oder Guru genannt zu werden.« (Hans-Hasso von Veltheim-Ostrau, Der Atem Indiens, Classen Verlag, Hamburg 1959, S. 257)

Hier spricht der Verfasser einen der wichtigsten Prüfsteine für Meister oder Gurus an: die Freiheit. Was nützte es, wenn jemand spirituell vielleicht kompetent erschiene, aber seine SchülerInnen in geistige Unfreiheit brächte? Wobei der Begriff Freiheit dann überall mit dieser Trennschärfe anzuwen-

den wäre. Wie weit ist es mit der Freiheit her, wenn irgendeine beliebige Kirchengemeinschaft ex cathedra verkündet,
dies oder jenes sei richtig, und nur so zu verkünden und zu
tun? Wenn wir den Begriff Freiheit ernst nehmen und für
alle Bereiche der Religion anwenden, werden wir leider feststellen, daß der Hang, Meinungen zu Dogmen zu schmie-
den, die Ansichten von Minderheiten oder einzelnen zu miß-
achten oder zu verbieten, nur allzu verbreitet ist.

Freiheit bedeutet doch in erster Linie, solange geistig zu suchen, zu fragen und auszuprobieren dürfen, wie man es selbst für notwendig hält.

> Vollkommenheit ist etwas, das in einem nicht vorbedachten Augenblick gelebt wird, und dieser Augenblick hat keine Dauer.
>
> *Jiddu Krishnamurti*

5 Echte Lehrer und spirituelle Meister erkennen

LehrerInnen beurteilen und einordnen

In unserem weltlichen Leben kennen wir Grundschullehrer, Real- und Oberschullehrer, Fachhochschul- und Universitätsprofessoren. Wir wissen, daß es in den Schulen viele verschiedene Fächer gibt – Schreiben, Lesen und Rechnen, Malen und Basteln, Fremdsprachen und Geometrie, Physik und Biologie, Geschichte und Medizin und so fort.

Ähnlich ist es auf dem Gebiet der geistigen oder der »metaphysischen« Bildung und Ausbildung. Auch hier gibt es Lehrer, die auf den Anfangsstufen unterrichten, und solche, die einen zu den höchsten Stufen der Erkenntnis und Weisheit führen. Es gibt Lehrer, die klassische Esoterik unterrichten, wie zum Beispiel Astrologie und I Ging, solche, die bestimmte Naturheilverfahren lehren, und schließlich auch einige wenige spirituelle Lehrer, die zur Selbsterkenntnis der Seele und zu ihrer Verbindung mit Gott führen.

Die Tatsache, daß Lehrer an Schulen oder Universitäten auftreten und Kurse abhalten, gilt uns meist schon als genügender »Beweis«, daß sie tatsächlich Lehrer sind. Und wenn sie

> Die kleinste Wahrheit, die ich im Inneren gesehen, gehört und erkannt habe, gleicht nicht der höchsten Wahrheit, die auf Erden je genannt wurde.
>
> *Mechthild von Magdeburg*

dann auch noch wirklich über Geschichte sprechen oder Physikversuche machen, glauben wir zu wissen, daß dies der Geschichts- oder Physiklehrer ist. Ab und an kommt auf, daß unter den Lehrern jemand ist, der zwar unbeanstandet unterrichtet, aber leider doch nicht das notwendige Papierdokument zur Lehrberechtigung erworben hat. Nicht immer ist ein Mensch das, was er zu sein vorgibt – die berühmte Kluft zwischen Schein und Sein ist uns bekannt.

> Umarme jeden Menschen wie dein eigen und laß deine Liebe frei fließen, wo immer du hingehst.
>
> *Sant Darshan Singh*

Diese Kluft existiert auf allen Gebieten menschlicher Betätigung, selbstverständlich auch im großen Bereich der Esoterik und Metaphysik. Deshalb sollten wir hier besonders kritisch und gründlich prüfen – es geht schließlich um unser Seelenheil und um ein liebevolles, erfülltes und menschenwürdiges Leben. In den nächsten Abschnitten schlage ich vor, was und wie wir prüfen sollten.

Welche Fähigkeiten sollten LehrerInnen besitzen?

LehrerInnen auf dem weiten Feld der Esoterik, Heilkunde und Meditation sollten ihr eigenes Gebiet gut kennen, womöglich »beherrschen«, obwohl das auf keinem anspruchsvollen Gebiet wirklich vollkommen möglich sein dürfte. Sie sollten zusätzlich vor allem dafür offen sein und bleiben, Neues aufzunehmen und daran arbeiten, selbst auch immer weiter zu lernen.

Ihre Vermittlung sollte ein Angebot darstellen, nicht jedoch den Charakter von Dogmen annehmen. Es ist nur schwer zu begreifen, warum unter vermeintlich geistig aufgeschlossenen Menschen, die sich um Bewußtseinsentwicklung bemühen, soviel gegenseitige Konkurrenz oder gar Feindseligkeit herrscht. Sicher ist es legitim und notwendig, klare Standpunkte zu beziehen und die Vorzüge des eigenen Weges und der eigenen Methoden im besten Lichte zu präsentieren.

Merkwürdige Verbohrtheiten sind leider immer wieder feststellbar bei manchen Schulmedizinern gegenüber Erfahrungsheilkundlern, bei Wissenschaftlern gegenüber Metaphysikern, aber auch innerhalb der Alternativheilkunde – ich denke dabei an die seltsamen Bemühungen, die Bachblütenheilmittel und ihre Anwendung zu monopolisieren – oder unter Astrologen.

Allheilmittel, Alleinheilmittel, alleinseligmachende Patentrezepte hat es bislang noch nicht gegeben. Auch wenn immer wieder Menschen auftauchen, die eben das behaupten und diese gegen Geld und andere Vorteile »unter die Leute« bringen wollen.

Möglicherweise ist diese zeitweise Gemütsverwirrung sehr einfach mit unserem Ego erklärbar. Also: »Don't worry, be happy – aber lassen Sie Ihren wachen, kritischen Verstand ruhig immer eingeschaltet!«

Ich halte es für ein wichtiges Merkmal, daß jeder Lehrer seine eigenen Lehrer anerkennt, daß er sie nennt und ehrt. Das muß nicht in jedem zweiten Satz sein, aber spätestens, wenn LehrerInnen oder MeisterInnen die eigenen LehrerInnen grundsätzlich und systematisch verschweigen, ist höchste Vorsicht geboten. Denn damit schleicht sich schnell – unabsichtlich oder vielleicht auch sehr absichtsvoll – ein Anspruch auf Selbstvollkommenheit und eine Hybris ein, die nur zu Enttäuschungen der SchülerInnen, Abhängigkeitsverhältnissen, Legenden- und Dogmenbildung und anderen Fragwürdigkeiten führt.

Fragen Sie also Ihre LehrerInnen der Esoterik, wo diese selbst was und wann und bei wem gelernt haben. Ein rechter Lehrer wird solche Fragen nicht als despektierlich oder als Einbruch in seine Privatsphäre betrachten, sondern sie ruhig und sachlich beantworten.

Welche ethischen Vorbildfunktionen müssen Lehrer erfüllen?

Jeder Lehrer, Meister, Guru – eigentlich jeder Mensch, der andere Menschen anleitet, ausbildet und führt – muß sich an höheren Maßstäben messen lassen, die an seinen Charakter und sein Verhalten angelegt werden.

Meiner Ansicht nach darf der Begriff »Lehrer« hier ruhig so weit gefaßt werden, daß er führende Persönlichkeiten in Kultur und Gesellschaft, Wirtschaft und Gewerkschaften, Politik und Religion mit einschließt. Ob Menschen, die dort tätig sind, das auch so sehen? Und wie viele öffentlich wirkende Persönlichkeiten würden sich dann noch zur Wahl stellen?

Was erwarten Sie von einem Lehrer in bezug auf seine ethischen Grundlagen? Welche Ideale sollte er über seine Fachkenntnisse hinaus zumindest anstreben oder sogar verwirk-

lichen? Schauen Sie sich die folgende Liste an, die natürlich nicht
vollständig ist, kreuzen Sie an,
was Ihnen unverzichtbar erscheint
und tragen Sie weitere Merkmale
ein, die ich hier nicht genannt ha-

> Wahres Menschentum ist ein
> zu kostbares Gut, als daß
> man etwas davon der Ge-
> dankenlosigkeit preisgeben
> dürfte. *Albert Schweitzer*

be. Und überlegen Sie dann, wo Sie Ihren Lehrer finden
könnten, der diese Ansprüche erfüllt!

- ☐ Der Lehrer nennt seine eigenen Lehrer und Vorgänger
  und ehrt sie.
- ☐ Er kritisiert weder andere Wege und Methoden, noch andere Lehrer und Meister. Er läßt andere Lehrer gelten.
- ☐ Der Lehrer ist geduldig. Er weiß, daß gerade Schüler und
  Studenten bestimmte Dinge erst noch lernen müssen.
- ☐ Er fordert nie dazu auf, etwas blindlings zu glauben, sondern vertritt auf seine Weise das Motto, »Erst selber sehen, erst selber erfahren, dann glauben«.
- ☐ Der Lehrer schafft nie irgendwelche Abhängigkeiten; weder irgendwelche persönlichen, noch solche, die Schüler
  oder Studenten auf bestimmte Institutionen festlegen.
- ☐ Der Lehrer arbeitet niemals mit Angst, mit Drohungen,
  mit düsteren Zukunftsprognosen oder mit Katastrophen-
  szenarios.
- ☐ Er ist bescheiden, vielleicht sogar demütig.
- ☐ Ein echter Lehrer bemüht sich, immer liebevoll zu sein.

Wie man Kritik an anderen Richtungen oder Vertretern vermeiden und dennoch die eigene Wahrheit vertreten kann,

macht eine Lehrgeschichte aus Indien auf amüsante Weise deutlich.

Der berühmte und mächtige Kaiser Akbar rief in regelmäßigen Abständen seine Regierungsberater zusammen und stellte ihnen Aufgaben, die sie lösen sollten, um ihre Befähigung als Berater unter Beweis zu stellen. (Damals war es üblich, daß Herrscher – ob große oder kleine – den Rat von Weisen suchten. Auch der deutsche Kanzler sucht ab und an den Rat von Geistlichen, und der amerikanische Präsident hält einmal im Jahr ein »Prayer Breakfast« ab, bei dem sich die führenden Politiker aller Parteien mit Geistlichen aus verschiedenen Traditionen treffen.)

Eines Tages rief Akbar also wieder seine Gelehrten vor den Thron. Ein Diener hatte dort mehrere Säcke Sand ausgeleert und zu einem »Sandbeet« ausgebreitet. Akbar nahm sein Zepter und malte mit dessen Spitze eine Linie in dieses Sandbeet. Dann forderte er seine Berater auf: »Macht diese Linie im Sand kürzer. Ihr dürft aber weder die Linie berühren noch den Sand zusammenkehren.«

Die Gelehrten runzelten ihre Stirne, wiegten ihre Köpfe hin und her und sahen sich untereinander immer wieder ratlos an. Manche meinten für sich, daß der mächtige Herrscher inzwischen von allen guten Geistern verlassen sei, ihnen eine so unsinnige Aufgabe zu stellen.

Schließlich, als sich alle eingestehen mußten, daß sie das Problem nicht lösen konnten, trat Birbhal vor. Er war einer der stilleren unter den Gelehrten, der nicht viel Aufhebens von sich machte. Er bat Akbar, ihm sein Zepter zu reichen, nahm es in die Hand und zeichnete mit dessen Spitze neben die Linie des Kaisers eine zweite, die er jedoch ein deutliches Stück länger machte. Wie Schuppen fiel es den anderen von den Augen, daß dies die naheliegendste, einfachste und dabei auch einzige Lösung war.

> Wer Gott besitzt, dem kann die Welt nichts geben, was er nicht schon in Fülle besäße. *Rabia von Basri*

Ein wahrer spiritueller Lehrer, ein kompetenter Meditationsmeister der höchsten Ordnung, kritisiert nicht andere, sondern beschreibt einfach seinen Weg, der sich ganz von selbst als »die längere Linie im Sand« des menschlichen Lebens erweist.

Die leidige Frage nach dem Geld

Jeder ordentliche Lehrer, jede ordentliche Lehrerin sind ihr Geld wert. Was heißt »ordentlich«? Wer solide ausgebildet ist, wer Wissen verständlich vermitteln kann, dabei menschlich ist und keine psychologischen Abhängigkeiten schafft, ist es wert, für die geleistete Arbeit ordentlich bezahlt zu werden. Das bezieht sich auf alles weltliche Wissen.

»Weltliches Wissen« ist das, was mit den Dimensionen unseres irdischen Lebens zu tun hat, also mit Raum und Zeit. Englisch und Computerbedienung, Musik und Wirtschaft, Biologie und Yogaübungen gehören dazu und unzählige andere Gebiete.

Die Vermittlung von Wissen um die Seele und um Gott, die Übermittlung von wirklich esoterischen oder metaphysischen Erfahrungen (also von inneren, spirituellen, mysti-

schen Erfahrungen, welche über Raum und Zeit hinausgehen), die wahre Religion (also die Rückverbindung der einzelnen Seele mit dem »Heiligen Geist«) das war und ist eine
rein geistige Aufgabe, für die von echten Mystikern nie Geld
verlangt und auch keinerlei Bezahlung oder milde Gaben
irgendwelcher Art angenommen werden.

Selbsterkenntnis und Gotterfahrung sind kostbare und frei
gegebene Geschenke aus dem Reich des Geistes, die sich
weder mit materiellen Werten erkaufen ließen, noch je mit
Geld zu bezahlen wären.

Wenn gute Lehrer gutes Geld für ihre Dienste verlangen und
erhalten, so finde ich das völlig in Ordnung. Wenn »Meister«
spirituelle Erfahrungen oder gar die Rückverbindung der
Seele mit Gott gegen Geld oder andere Gaben anbieten, so
nehme ich von solchen Menschen und ihren Lehren Abstand.

Daß sich in diesem Zusammenhang nicht nur die Frage nach
Geldschneidern und Betrügern unter sogenannten Gurus
stellt, sondern auch die Frage nach dem bezahlten Priester-
tum in allen Religionen, liegt auf der Hand.
Und daß jemand, der in den Diensten einer Gemeinschaft
steht, und von ihr bezahlt wird, sich in seiner Verkündigung
von Lehren nach den Regeln dieser Gemeinschaft zu richten
hat, um nicht die Basis seines Lebensunterhalts zu verlieren,
wird uns ebenfalls rasch klar, wenn wir anfangen, darüber
nachzudenken.
Aber auch, wenn es sich nur um freiwillige Spenden handelt,
und nicht um Kirchensteuern und/oder feste Gehälter, muß

man sich doch fragen, ob jemand, dessen Existenz von eben solchen milden Gaben abhängt, nicht in seinem Auftreten und in seinen Lehren dazu neigt, den Spendern nach dem Munde zu reden und alles zu tun, sie nicht unnötig zu verärgern?

Die größte Überzeugungskraft hat für mich ein geistiger Lehrer, der nichts verlangt, nichts will und nichts annimmt. Jeder Mensch mag für sich selbst prüfen, welche Maßstäbe für spirituelle Meditation und höchste Mystik gelten sollten. Ich bin dankbar, durch die Bücher von Sant Kirpal Singh auf heute lebende Mystiker gestoßen zu sein, die sich ihren und ihrer Familien Lebensunterhalt durch eigener Hände und Köpfe Arbeit verdienen, und ihre Dienste für die suchenden Seelen so frei als Gottes Gaben anbieten, wie die Luft, die wir atmen.

Welche Risiken gibt es im Umgang mit geistigen LehrerInnen?

Nicht etwa Geld ist das schwerwiegendste Problem rund um sogenannte Meister, sondern psychische Abhängigkeit, Isolierung, Idolisierung und Realitätsverlust. Geld ist nur ein vergleichsweise kleiner Stolperstein auf dem mehr oder minder beschwerlichen Weg zur Selbstverwirklichung und zum Lebenssinn. Sicher erinnern wir uns alle an die fast einhundert Rolls-Royce-Autos von Bhagwan Shri Rajneesh, der sich später Osho nannte. Aber gibt es grundsätzlich einen Unterschied zu Prunk und Pomp mancher Kirchenfürsten? Ich bin nie Oshos »Anhänger« gewesen und habe weder seine Idolisierung noch seine Verteufelung je verstehen oder akzeptieren können. Wer im Verlauf der geistigen Entfaltung Geld verliert, hat wenigstens nur etwas Materielles verloren.

Geldschneiderei, wie zum Beispiel Kaffeefahrten und Zeitungsdrücker, »einmalige Sonderangebote« und Mogelpackungen, Mondscheinpreise und teure »Patentrezepte«, ist heutzutage so gang und gäbe, daß inzwischen jeder erwachsene Mensch gelernt haben müßte, wach und verantwortlich zu bleiben.

Sehr viel riskanter wäre es jedoch, an der Seele Schaden zu nehmen. Psychische Abhängigkeit ist ein Phänomen, das nicht etwa nur auf die Gebiete der Esoterik und Spiritualität beschränkt ist. Eine solche »Ausbeutung« ist im Gegensatz zur finanziellen leider oft nicht so schnell feststellbar.

Wir wissen inzwischen aus vielen leidvollen Erfahrungen im Bereich der politischen Ideologien (Hitler, Stalin und Co.), aus Suchtverhalten (Drogen, Alkohol, Medikamente, Spielsucht), aus sexuellen Grenzüberschreitungen in intensiven Beratungssituationen (Psychologie, Psychotherapie), daß es in allmählich wachsenden psychischen Abhängigkeitssituationen zu enormen seelischen Verletzungen kommen kann. Leider gibt es dasselbe Phänomen auch im Bereich der Metaphysik.

Folgende kritische Fragen können Ihnen dabei helfen, festzustellen, wo Sie stehen:

☐ Nutzt mich der Lehrer aus oder nicht? Werde ich – vielleicht langsam und beinahe unmerklich – in eine sexuelle Abhängigkeit gezogen? Werde ich angehalten, um »Karma abzuarbeiten«, für den Lehrer und/oder für seine Gruppe Dienste zu leisten?

☐ Gibt es schleichende »Umwertungen«, wobei Dinge, die ich normalerweise für unmoralisch halten würde, nun durch angeblich höhere Ziele gerechtfertigt werden? Beispiele wären: Um einen »Teufel« auszutreiben, muß manchmal Gewalt angewendet werden. Um einem Menschen zu seinem eigenen Besten zu verhelfen, wird dessen eigener Wille als »Verblendung« gebrandmarkt und übergangen. Um jemanden von Problemen zu befreien, zum Beispiel in der Sexualität, muß er durch sexuelle Erfahrungen gehen. Glauben Sie nicht, daß solche Dinge nur in »Sekten« oder »Kulten« auftreten; auch unsere Amtskirchen haben laufend damit zu kämpfen.

☐ Werde ich aufgefordert, meine bisherigen Beziehungen in Familie und Freundeskreis, meine bisherige Arbeits- und Lebensweise in der Welt, aufzugeben? Soll ich andere Kleidung tragen und einen anderen Namen annehmen, oder aus meiner Konfession austreten und in eine andere Gruppe eintreten, um angeblich erst dann Hilfe zur Selbstverwirklichung zu erfahren?

Wenn solche und weitere ähnliche Fragen mit Ja beantwortet werden müssen, ist Gefahr im Verzuge. Dann heißt es erst einmal, sich zurückzuziehen, mit wirklich neutralen Menschen offen darüber zu sprechen, also weder bei »Anhängern« der jeweiligen Richtung Rat zu suchen, noch bei erklärten und meist genauso fanatischen Gegnern, um sich dann ernsthaft selbst zu prüfen.

Ein echter geistiger Lehrer – auch wenn er noch kein vollendeter, kompetenter Meister der höchsten spirituellen Stufe ist – wird nie auch nur die geringste Abhängigkeit aufkommen lassen. Er nimmt uns keine Entscheidungen über unser Leben und den Alltag ab, er wird nicht der »Konversion«, der Umformung, das Wort reden, sondern der »Inversion«, dem Nach-innen-Gehen.

Es ist nur allzu verständlich, wie ich das aus eigener, recht gemischter Erfahrung weiß, daß wir in schwierigen Situationen – bei Eheproblemen, Arbeitslosigkeit, Krankheit, in depressiven Gemütslagen, bei Suchtverhalten – gern den Rat eines Menschen suchen, der uns die Qual der Entscheidung abnimmt. Natürlich hätten wir gern, daß uns jemand sagt, was »richtig« und was »falsch« ist. Dann fühlten wir uns endlich sicher, nicht wahr?

Aber wenn wir die Empfehlung des Papstes in bezug auf Empfängnisverhütung ablehnen, wenn wir das Verbot von Naturheilmitteln kritisieren, wenn wir bei Ärzten und Psychologen nicht bereit sind, deren Rat als der Weisheit letzter Schluß anzunehmen – warum sollten wir alle Aussagen von einem »Meister« akzeptieren? Weil er es »besser« weiß, weil er oder sie angeblich göttlich inspiriert ist?

Zur geistig-seelischen Reifung gehört, daß wir offen sind für Ratschläge, Erfahrungen und Hilfen anderer Menschen, zumal wenn sie von solchen Menschen kommen, die selbst auf dem geistigen Wege weiter fortgeschritten sind als wir. Das bedeutet aber nicht, daß wir im selben Atemzug unseren Verstand und unsere Eigenverantwortung an der vermeintlich spirituellen Garderobe abgeben sollten. Das wäre – und dieses Wort ist keine Übertreibung – verhängnisvoll!

Abhängigkeit

Das Problem bei Abhängigkeiten von geistigen Lehrern besteht darin, daß es hier meist um hohe und höchste Ideale geht. Dabei kommt es häufig zu Projektionen und Übertragungen von Hoffnungen und Erwartungen:

> Der freie Wille verursacht seine Wirkung und formt das Schicksal. Selbstbefragung – »Wer bin ich?« – bringt das Erwachen zum wahren Selbst.
>
> *Ramana Maharshi*

Der Schüler projiziert etwas in den Lehrer, was dieser gar nicht halten kann. Der Lehrer merkt dies nicht oder ist zu eitel, um das zuzugeben, oder er hat die Erwartungshaltung sogar geschürt, um anderer Motive willen, wie Macht, Geld, Sex. Manchmal wird der Lehrer selbst so von einer hehren Woge der vermeintlichen Menschenfreundschaft und charismatischen Ausstrahlung ergriffen, daß er sich für mehr hält, als er ist, daß er sich, seine »Mission« und seine Kräfte überschätzt bzw. überhöht und glaubt, nicht mehr er spreche und handle, sondern Gott höchstpersönlich hätte ihn als »Kanal« ausgewählt.

In beiden Situationen passiert es leicht, daß die Erkenntnis über die Unvollkommenheit des eigenen Lehrers oder das Eingeständnis des persönlichen Scheiterns einem »kleinen Tod« gleichkäme. Diesen kleinen Tod wollen die meisten Menschen natürlich vermeiden, aus Angst vor Leid und Enttäuschung, vor dem »geistigen Sterben«. Dann wird eine Trotzhaltung gegen die »unspirituelle« Umwelt eingenommen, oder es kommt zu fanatischen Übersteigerungen, die in Isolation, Wirklichkeitsverlust sowie körperlichen und seelischen Leiden kulminieren. Traurig, sehr traurig!

Ich kenne diese Thematik, weil ich selbst einmal eine Zeit lang bei einem Lehrer war, der sich als charismatischer Scharlatan und spiritueller Betrüger herausstellte. Als ich dies eindeutig geprüft hatte – auch im direkten Briefwechsel mit ihm – und zur Kenntnis nehmen mußte, erhob sich die Frage, wie ich nun reagieren sollte?

Ein »Unter-den-Teppich-Kehren« kam für mich nicht in Frage. Es machte mir auch nichts aus, »mein Gesicht zu verlieren« oder der Enttäuschung geradewegs ins Gesicht zu blicken. Wichtig waren mir Wahrheit und Klarheit, nicht das Ansehen. Entscheidend war für mich, daß ich einen Weg, der sich als Irrweg erwiesen hatte, nicht deshalb weiterging, weil gute Bekannte wider besseres Wissen trotzdem weitermachten, oder weil ich von anderen, die es ja »immer schon gewußt« hatten, für meine »Dummheit« bespöttelt werden könnte, was übrigens dann keiner tat.

Drastisch gesagt: Wenn ich in eine sehr tiefe und übelriechende Grube gefallen bin, weil ich auf einem falschen Weg mit einer falschen Landkarte und einem falschen Reiseleiter war, muß ich doch nicht darin steckenbleiben. Ich kann versuchen, allein oder mit Hilfe anderer Menschen, wieder herauszuklettern. Und dann kann ich mich nach besseren, zu-

verlässigeren Wegen und Landkarten und Reiseleitern umschauen – oder nicht?

Wenn wir von Europa zu den Pyramiden Ägyptens reisen
möchten, kann es durchaus vorkommen, daß wir in einen
falschen Zug steigen oder ins falsche Flugzeug. Nun stecken
wir irgendwo anders. Müssen wir dort bleiben? Können wir
uns nicht auf den Weg machen, können wir nicht nach besseren
Verkehrsverbindungen suchen, können wir nicht versuchen, beim
nächsten Anlauf aufmerksamer zu sein und zu bleiben – und dürfen
wir nicht unser Ziel weiterhin im Auge behalten?

> Kein Wesen kann zu nichts
>   zerfallen!
> Das Ewge regt sich fort in
>   allen,
> Am Sein erhalte dich
>   beglückt!
> *Johann Wolfgang von Goethe*

Wie kann man Abhängigkeiten vermeiden?

Eine klare Antwort: Indem Sie wach und selbständig bleiben, indem Sie Ihren Verstand eingeschaltet lassen, kritisch
und selbstkritisch sind oder werden, sich mit anderen Menschen austauschen, den Lehrer über wichtige Dinge direkt
befragen.

Das bedeutet auch, daß Sie gleichzeitig offen, sensibel, intui-
tiv, meditativ sein können. Wer behauptet, daß zwar ro-
mantische Gefühle erlaubt sind, die Vernunft aber abgelegt
werden muß, um sich geistig zu entwickeln, spricht nicht
über Spiritualität, sondern über das Gemüt.

Es geht nicht darum, alles, was Sie bisher erfahren und gelernt haben, auf einen imaginären Müllhaufen zu werfen,
um sich angeblich erst dann in die Höhen der geistigen

Sphären aufschwingen zu können. Vielmehr wird ein echter spiritueller Weg Ihnen die Chance geben, alles, was Sie bisher erfahren und gelernt haben, auf eine natürliche und einleuchtende Weise in Ihr Leben so zu integrieren, daß Sie sich ganzheitlich entwickeln.

Wir müssen doch nicht das ganze medizinische Wissen und unsere Erkenntnisse über Ernährung aufgeben, um schöne Gefühle zu haben. Wir müssen nicht Sensibilität und Mitgefühl aufgeben, um rational denken zu können. Und wir müssen auch nicht das Wissen um Körper, Gemüt und Verstand aufgeben, um die Weisheit der Seele zu erfahren. Abhängigkeiten vermeiden wir am besten, wenn wir selbstbewußt, gesund, stark, aktiv, schöpferisch und positiv dem Leben gegenüber eingestellt sind und es bleiben.

Der Begriff »positive Mystik« des leider schon verstorbenen kompetenten und allzeit liebevoll-gütigen Meditationslehrers Sant Darshan Singh meint genau das:
– Wir sollten unsere körperlichen Kräfte nutzen und einen gesunden, leistungsfähigen Gesamtzustand anstreben.
– Wir sollten unsere menschlichen Gefühle entwickeln und ein einfühlsames, liebevolles Gemütsleben führen.
– Wir sollten den bestmöglichen Gebrauch von unserer Intelligenz machen und unseren Verstand kreativ und zum Nutzen vieler Menschen einsetzen.
– Aber wir sollten auch die Tatsache erfahren, daß wir Seele oder Selbst sind, die vorübergehend in einem materiellen Körper lebt. Wir sollten die Kräfte der Seele in diesem

irdischen Leben erfahren und entfalten, um so den Sinn des Lebens zu erfüllen, einen Beitrag für die Erhebung der Menschheit zu leisten, den Körpertod zu überwinden und um in die große Kraft zurückzukehren, aus der wir leben und aus der wir gekommen sind: Gott, Allah, Buddhanatur, Große Mutter ...

Als ich von Sant Darshan Singh zwar lernen wollte, mich aber – nach den gerade zuvor gemachten schlechten Erfahrungen mit einem anderen Lehrer – noch nicht formell »initiieren«, also in die Meditationsmethode einführen lassen wollte, sagte Darshan Singh zu meiner Tante sinngemäß: »Jeder Mensch hat seinen freien Willen. Selbst Gott wird jedem Menschen seinen Willen lassen.« Er hatte mir ohne irgendeine Spur von Druck oder Zug immer dann Zeit und Zuwendung gewidmet, wenn ich selbst das wollte und brauchte, und mir schließlich die Verbindung mit der inneren Gotteskraft gezeigt, eröffnet, geschenkt – wie immer man sagen will –, als ich ihn innerlich darum gebeten hatte, ohne daß ich äußerlich einen Ton gesagt oder einen »Antrag gestellt« hätte.

Durch ihn durfte ich zum ersten Mal persönlich erfahren, was Heilige, Weise und Seher auszeichnet, die nicht mehr aus dem Ich leben und handeln, sondern ganz im Willen Gottes aufgegangen sind: Sie strömen Liebe, Gnade, Güte, Verständnis, Menschlichkeit und Weisheit aus, ohne etwas dafür zu erwarten, ohne andere zu bewerten. Er lebte im Umgang mit anderen Menschen, die ihm kritisch gegenüberstanden oder ihm sogar übel mitspielen wollten, nach dem Motto:

»Vergib und vergiß!« Sein Lebenswerk war die gelebte Liebe. Er ist einer der beiden einzigen Menschen, von denen ich glaube, daß sie mich wirklich bedingungslos und ohne jede Bewertung geliebt haben; der andere Mensch ist Hidda.

Wie können wir also Abhängigkeiten vermeiden?

– Indem wir Liebe entwickeln, aber Liebe nicht mit Naivität, mangelnder Wachheit, Unbewußtheit oder Dummheit verwechseln.

– Indem wir nach Idealen streben, aber nicht zugunsten eines vielleicht hohen Ideals niedrige, unethische Methoden anwenden.

– Indem wir nach Wahrheit suchen, nach Lehrern suchen, aber uns nicht selbst so unter Erfolgszwang setzen. Daß wir einen Fehlschlag während der Suche, einen Rückschlag in unseren Bemühungen oder eine spätere Erkenntnis, einen Irrweg gegangen zu sein, auch psychisch überstehen können.

– Indem wir uns nicht irgendeinem Wunderglauben hingeben oder schwärmerisch an Mythenbildung mitarbeiten, sondern auf nachprüfbaren Fakten und Tatsachen als Grundlage für eigene Urteile, Entscheidungen und Handlungen bestehen.

»Unsere Motivation ist unser bester Schutz«, pflegte meine Yogalehrerin Anneliese Harf zu sagen. Wenn wir wirklich nach dem Sinn des Lebens suchen – und nicht nach Pflastern für unsere Gemütswunden oder nach einem Blasebalg für unseren Ego-Ballon –, dann helfen sowohl Bücher und Ge-

spräche als auch Gebete und Meditationen, um voranzu-
kommen.

Bitten wir Gott darum, zu Ihm zu gelangen, von Ihm geführt
zu werden! Wo alles andere versagt, hilft das rechte Gebet.

Das wirksamste Gebet ist nicht jenes, bei dem wir etwas laut
oder leise vor uns hin sprechen und dabei unsere Lippen
bewegen. Die Heilige Teresa von Avila hat in ihrer Schrift
über die »Seelenburg« erklärt, daß nur das »Beten mit der
auf Gott gerichteten inneren Aufmerksamkeit« zum Ziele
führt.

Das ist ein stilles Gebet, in dem das Gemüt schweigt und sich
die Seele auf die höchste Wahrheit des göttlichen Lichts im
Inneren ausrichtet. Dabei wird kein Gebet mehr gesprochen,
sondern wir halten unsere ganze Aufmerksamkeit auf Gott
hin ausgerichtet und bleiben ge-
sammelt, ohne andere, weltliche
Gedanken im Gemüt zuzulassen.
Aus dem inneren Licht, das wir
dann sehen können, fließen uns
Hilfe und Heilung, Antworten
und Erhebung zu.

> Alles, was Gott seinem
> Sohn gegeben hat, hat er
> auch mir gegeben. Hiervon
> nehme ich nichts aus, weder
> die Einigung noch die Hei-
> ligkeit.   *Meister Eckehart*

Merkmale für geistige Lehrer

Eine einfache und in der Praxis gut anwendbare erste Regel
besagt, der sei der rechte Lehrer, der folgende drei Merkmale aufweist:

– Der Lehrer steht in einer geistigen Tradition. Er bezieht
  sich auf seine eigenen Lehrer, und er nennt sie offen und
  ehrerbietig.

- Der Lehrer übermittelt eine konkrete Methode. Er gibt praktisch umsetzbare und im Alltag anwendbare Mittel an die Hand, um spirituelle Entwicklung zu erreichen.
- Der Lehrer strahlt Harmonie aus. Die Schüler empfinden in seiner Gegenwart Gemütsruhe und Seelenfrieden. Er spricht über keinen Menschen schlecht.

Merkmale spiritueller Meister

Die Ansprüche an einen spirituellen Lehrer sind naturgemäß sehr viel höher. Selbstverständlich lebt er ein ethisches Leben, das den Idealen aller geistigen Wege und Religionen entspricht. Gewaltlosigkeit, Wahrhaftigkeit, Reinheit, selbstloser Dienst, Güte, menschliche Anteilnahme und Liebe zeichnen ihn aus. Er lebt äußerlich wie alle anderen Menschen – mit beiden Beinen auf der Erde, einen Beruf ausübend, um sich seinen eigenen Unterhalt zu verdienen, meist mit und in einer Familie.

> Liebe kennt keine Grenzen. Liebe wird nicht geboren. Liebe stirbt nicht. Liebe ist meine Form. Wahrheit ist mein Atem. Wonne ist meine Nahrung. *Sai Baba*

Folgende spirituellen Merkmale scheinen mir darüber hinaus aber besonders wichtig zu sein:
- Am allerwichtigsten: Der Meister vermag die Seele in die inneren Welten zu erheben und sie durch die inneren Ebenen zu führen.
- Er wirkt nicht mit Charisma oder sprachlicher Eloquenz, durch emotionale Bevorzugung oder Benachteiligung, mit Wundern oder anderen medialen Fähigkeiten auf Seelen

ein, um sie von sich, von seiner Lehre oder von irgend
etwas anderem zu überzeugen.

- Er achtet den freien Willen jedes einzelnen, auch wenn er
mögliche unangenehme Konsequenzen von freien Entscheidungen voraussehen sollte.

- Er sucht nicht nach Ruhm und Ehre; es ist ihm gleich, wie
er genannt wird: Meister oder Lehrer, Bruder oder Reiseleiter, Freund oder kostenloser Berater.

- Er spricht nicht von sich, sondern von Gott, von der Seele,
von den Heiligen, vom Weg zur Selbsterkenntnis und
Gotterfahrung, von Möglichkeiten, ein Mensch im höchsten Sinne der Schöpfung zu werden.

- Ein wahrer Meister widmet sich allen Menschen, gleich,
welcher Hautfarbe oder Religion sie angehören, ob sie
jung oder alt, reich oder arm, gesund oder krank, sauber
oder schmutzig sind.

- Er bietet in allen Lebenslagen und für buchstäblich alle
Probleme Lösungen an. Ob die Menschen sie annehmen
wollen, steht auf einem anderen Blatt! Das ist kein Wider-
spruch zur Forderung nach Eigenverantwortung. Die deli-
kate Balance besteht darin, aus dem höheren Wissen
schöpfen zu können, ohne es Menschen aufzudrängen!

- Er führt Menschen zusammen, anstatt sie zu trennen. Er
verwirklicht das Wort Christi: »Ich bin gekommen, nicht
um zu richten, sondern um zu erfüllen.« Er gründet keinen
neuen »Ismus«, sondern zeigt, wie jeder Mensch in jeder
sozialen Situation an seinem Ort und unter seinen Lebens-
bedingungen Erfüllung finden kann.

- Er spricht von den allerhöchsten Menschheitsidealen, von

Gott und der lebendigen Seele, die das Wesen jedes Menschen ausmacht. Er ist voller Liebe für alle Geschöpfe. Und er zeigt, wie über religiöse Theorie hinaus Liebe und Selbsterfahrung im Alltag gelebt werden kann, um – darauf aufbauend – zur Gotterkenntnis zu gelangen.

– Er vertröstet Menschen nicht auf ein schöneres Jenseits und heißt suchende Seelen nicht einfach etwas zu glauben. Sondern er gibt die lebensspendende Verbindung mit dem heilenden Strom des göttlichen Lichts und Klangs, er gibt die wahre geistige »Taufe mit dem Heiligen Geist und mit Feuer« hier und heute und jetzt, und zeigt, wie jede Seele aus dieser ewigen Quelle von Licht und Liebe leben kann.

– Er sagt, »Glaubt nichts, auch nicht eurem Lehrer oder Meister, bevor ihr nicht selbst eigene innere Erfahrungen gemacht habt.«

– Für ihn stehen Wahrheit und wahres Leben, persönliche spirituelle Erfahrung und Verwirklichung von Demut, selbstlosem Dienst und Liebe im Alltag im Mittelpunkt von Lehre und Leben.

> Wir Menschen haben die Göttliche Gegenwart verbannt. Unsere Generation muß den Himmel wieder auf die Erde zurückbringen.
>
> *»Der Rebbe«, Menachem Mendel Schneerson*

6 Kann ich mein eigener Meister sein oder werden?

Sicher hat es auf diesem Planeten immer wieder außergewöhnliche Menschen gegeben, die – soweit man dies beurteilen kann – ganz aus »sich selbst« heraus unglaubliche, meisterhafte Leistungen

> O großer Geist, o göttlicher Befreier, nimm deine Seelen, deine Töchter zurück in deinen Lichtschoß.
>
> *Orpheus*

vollbracht haben. Der Weltentdecker und Abenteurer Marco Polo kommt einem dabei in den Sinn oder die Afrika-Forscher Livingstone und Stanley, die Polarfahrer Scott und Amundsen oder die genauso berühmten Gebrüder Wright, die als erste ein Flugzeug bauten und es selbst auch flogen. Aber sogar diese herausragenden Einzelleistungen wären doch ohne die tätige Mithilfe zahlreicher anderer Menschen nicht möglich gewesen.

Gehören wir zu dem vielleicht einen unter einer Million oder mehr Menschen, die ganz aus eigener Kraft das rechte geistige Gefährt bauen und es sicher durch den immensen äußeren und inneren Kosmos von Dunkelheit und Licht, von Materie und Geist, von Schatten, Illusion und Relativität zur Wahrheit und ins ewige Licht steuern können? Sind wir wirklich allein in der Lage, unsere Seele ohne die barmherzige, gnadenreiche Hilfe eines spirituellen Lehrers oder Heiligen aus dem Sumpf von Raum und Zeit, von Formen und Gemüt, von Ängsten und Hoffnungen, von Erdenleben und Körpertod zu ziehen?

Wenn wir uns im Bereich der geistigen LehrerInnen umschauen, so stellen wir fest, daß praktisch alle Großen ganz selbstverständlich bei MeisterInnen gelernt und sich vervollkommnet haben, bevor sie zu Lehrern wurden.

Ramakrishnas Lehrer waren eine Brahmanin und Totapuri. Er wiederum bildete Vivekananda aus; Yoganandas Lehrer war Sri Yukteswar, dessen Lehrer Lahiri Mahasaya; Sant Kirpal Singhs Meister war Hazur Baba Sawan Singh, sein Nachfolger Sant Darshan Singh. Jeder tibetische Lama, auch der Dalai Lama, erfährt eine spirituelle Ausbildung bei verschiedenen Mentoren, auch wenn sie bereits als Wiedergeburt eines früheren Meisters angesehen werden.

Die Bhagavad Gita berichtet, daß Prinz Arjunas Guru Lord Krishna war; die christlichen Mystiker Tauler und Seuse haben bei Meister Eckehart gelernt. Bei indianischen Schamanen ist es genauso üblich wie bei afrikanischen »Zauberern«, die eigenen Lehrer zu nennen und zu achten.

Nur in relativ seltenen Fällen bleiben die Namen der jeweiligen Lehrer trotz intensiver Nachforschungen unbekannt. Selbst ein intellektueller Gigant wie Krishnamurti hatte einen Guru, dem er noch als junger Erwachsener Dankes- und Lobeshymnen widmete. Auch bekannte New Age-Lehrer hatten Lehrer, zum Beispiel Chris Griscom, die bei zwei inzwischen verstorbenen Frauen gelernt hatte, bei der Aura- und Chakraleserin Lea Sanders und der Energiearbeiterin Joy Hinsen-Rider, sowie bei einem Akupunkturlehrer in Santa Fé.

Es ist wie bei einem Handwerk oder in der Kunst: Bevor wir Meister werden, sind wir erst einmal eine Zeitlang Lehrling und danach Geselle. Wenn wir uns dann so weit entfaltet haben, daß wir auf eigenen Füßen stehen können, mögen wir uns als Lehrer oder sogar Meister betrachten und als solche wirken.

Wer seine frühere Lehrzeit und seine eigenen Lehrer mit Stillschweigen abtut und es ihnen gegenüber an Anerkennung und Dankbarkeit mangeln läßt, sagt damit viel über die Bewußtseinsebene aus, auf der er oder sie sich befindet.

Omar Khayyam, der islamische Mystiker und berühmte Dichter des »Rubaiyat Khan«, schrieb dazu im Aphorismus »Folge dem Lehrer«:

»Lies, was du lesen solltest. Sieh, was du sehen solltest. Handle, wie du handeln solltest. Fühle, was du fühlen solltest. Bis du all diese Dinge kannst, folge dem Lehrer.

Wenn du all diese Dinge kannst, wird man dir nicht sagen müssen: Folge dem Lehrer.« (Idries Shah, Caravan of Dreams, Quartet Books, London 1973, S. 62.)

Der innere Meister

Aber wie steht es mit dem »inneren Meister«? Man liest und hört in esoterischen Kreisen immer wieder vom sogenannten inneren Meister. Meistens ist das, wie ich leider feststellen muß, eine Vorstellung des Gemüts, noch nicht einmal eine zumindest subjektive Wahrheit. Denn die wenigsten Menschen, die vom Zugang zum inneren Meister sprechen, sagen von sich selbst, daß sie ihn/sie im Inneren wirklich sehen. Vielmehr geht es um ein »Spüren einer Energie« bzw. um das »Hören einer inneren Stimme«.

Meine eher kritischen Bemerkungen sollen bitte nicht mißverstanden werden: Ich bezweifle nicht im geringsten, daß diese Menschen etwas spüren. Ich bezweifle auch nicht, daß sie das als eine höhere Kraft empfinden. Daß es sich jedoch um einen Meister handelt – körperlich oder feinstofflich –, ist damit noch längst nicht gesagt. Da praktisch alle Mystiker aller Epochen von einer tatsächlichen Innenschau sprechen, von einem unmittelbaren Sehen auf den inneren Ebenen, gilt mir die personale, schauende Begegnung – materiell oder astral – als wichtiger Prüfstein.

In manchen Fällen taucht in der Tat ein innerer Meister auf, bevor man einem äußeren begegnet. Am Anfang dieses Buches hatte ich Erfahrungen aus Polen kurz angesprochen; Frauen hatten Jesus innen gesehen. Sant Kirpal Singh zum Beispiel sah sieben Jahre lang (!) einen inneren Meister, den er für Guru Nanak hielt – bis er auf seinen Lehrer Hazur Baby Sawan Singh traf und in ihm die Gestalt erkannte, die ihm so lange innerlich erschienen war.

Es gibt also durchaus innere Meister – aber nach meiner Kenntnis werden Menschen in den seltensten Fällen ein ganzes Leben lang nur durch eine innere Lichtgestalt geführt. Fast alle Darstellungen in der geistigen Literatur und von Menschen, die ich persönlich kennengelernt habe, berichten davon, daß früher oder später der äußere Lehrer irdisch erscheint.

Es wäre auch sehr fraglich – für die relativ seltenen Fälle, in

denen Menschen wirklich einen inneren Geistführer sehen –,
wie wir denn erkennen können, ob ein Geistwesen auch das
ist, wofür es sich unter Umständen ausgibt, solange wir diese Seele nicht auch auf irdische Bewährungsproben stellen
könnten. Was nach meiner Erfah-
rung auf jeden Fall hilft, ist das
ernsthafte Gebet um Führung und
Schutz!

> Gegrüßet seist du, Maria,
> du bist voller Gnaden. Heili-
> ge Maria, bete für uns –
> jetzt und in der Stunde unse-
> res Todes. *Mariengebet*

7 Von Geistwesen über Engel bis hin zu lebenden Lehrern

Geistwesen

Geistwesen, die nie inkarniert wa-ren, sollen manchen Menschen als spirituelle Führer dienen. So sagen und schreiben es zahlreiche Esote-riker, »Channel-Medien« oder ih-re Propagandisten.

»Channel-Medien« sind Menschen, die kluge, unbedeuten-de oder unsinnige Dinge nicht »aus sich selbst« sagen, die nicht ihr eigenes Bewußtsein und damit sich selbst für ihre Aussagen verantwortlich machen. Vielmehr werden lieber »die geistige Welt«, Verstorbene, Jenseitswesen, Astralgei-ster und dergleichen mehr bemüht, um Aussagen – und seien sie noch so banal – mehr Gewicht zu verleihen. Natürlich kommt man dann auch nicht ohne klingende Namen aus – *Lazaris* oder *Sanat Kumara* sind nur zwei von ihnen.

Das Kollektivwesen »Ramtha« zum Beispiel wird von J. Z. Knight gechannelt, die an der Westküste der USA wohnt. Inzwischen hat sich Ramtha aber auch bei einer Österreiche-rin »gemeldet«, der es jedoch gerichtlich untersagt wird, dies öffentlich zu behaupten und damit gar noch Klienten zu werben.

Sogar wenn unsichtbare Geistwesen sich aus dem ungreifba-ren Jenseits melden, kann offenbar auf irdische Copyright-

Gesetze nicht verzichtet werden. Auf vermeintlich höherem Niveau stehen »Durchgaben«, »Durchsagen« oder »Erscheinungen« von früheren Heiligen und Meistern, von Engeln und Erzengeln.

Nach meiner Erfahrung kann ich nur zur äußersten Zurückhaltung im Umgang mit nicht persönlich überprüfbaren Kräften oder Wesen aufrufen. In den allermeisten Fällen handelt es sich um gemüthaft-fromme Einbildung oder absichtliche Irreführung, um esoterisch angehauchte Erwartungshaltungen oder magische Scharlatanerie.

»Ein Gramm Praxis ist besser als eine Tonne Theorie«, pflegte der echte spirituelle Meister Sant Kirpal Singh in bezug auf die eigene spirituelle Erfahrung und die eigene Meditation zu sagen.

»Mediale Durchgaben« können dabei durchaus psychologisch interessant und hilfreich für uns sein. Die Probleme beginnen, wenn der angeblich höhere geistige Ursprung von Botschaften nach und nach in eine Garantie für Wahrheit und Genauigkeit umgemünzt werden soll. Aus solchen Ansprüchen entwickelt sich dann schnell die Erwartung, daß das »Geistwesen« und oft auch das Medium als Oberhaupt für eine sich bildende quasireligiöse Organisation dienen soll und kann.

Der wirklich fatale Schritt ist, wenn die entstehende Autorität zu geistigen, psychischen und finanziellen Abhängigkeiten führt, die schließlich nicht mehr einer »Lehre« dienen, sondern der Befriedigung recht trivialer Motive wie Geld, Macht und Sex.

Aber auch dann, wenn es sich nicht um Einbildung, um eine esoterisch angehauchte Erwartungshaltung handelt, die sich selbst erfüllt, sondern um einen echten Kontakt zu einer Innenwelt oder höheren Welt und zu Wesen, die wirkliche Geistwesen sind, ist meiner Erfahrung nach höchste Vorsicht geboten. Solche relativ seltenen echten Kontakte sind nach meiner persönlichen Ansicht sogar noch gefährlicher als eine fromme Einbildung, betrügerische Vorspiegelung und schnöde Geldschneiderei mit dem blinden Glauben vieler Menschen.

Denn die Berichte aus praktisch allen geistigen Kreisen und allen Epochen, Kulturen und Religionen zeigen, daß die »echten Geistwesen« im Regelfall den Menschen keineswegs wohl gesonnen sind. Vier Gruppen von Geistwesen kann man unterscheiden:

1. Oft sind es umherirrende Seelen, die in einem Zwischenbereich des Jenseits stecken, nicht weiterkommen oder weiter wollen und Hilfe suchen.

2. Eine zweite Gruppe sind solche Wesen, die ihre meist fehlgeleiteten Wünsche und Bedürfnisse »drüben« ohne den irdischen Körper nicht ausleben können, und deshalb ein williges Werkzeug auf unserer Seite »besetzen« und mißbrauchen.

3. Die dritte Gruppe sind bewußt handelnde Wesen, die den Auftrag haben, Menschen auf der Erde zu prüfen, zu versuchen und vom rechten Weg abzubringen. Dabei mögen sie sich durchaus als Hilfsgeister ausgeben oder sogar als frühere Heilige und Meister. Aber wie wollen wir das prüfen? Wir sind vielmehr so hocherfreut, »kontaktet«

worden zu sein, daß wir den gesunden Menschenverstand und das Gebet zu Gott schnell vergessen.

4. Schließlich gibt es ab und zu tatsächlich Engel und Meister, die einer suchenden Seele einen Fingerzeig geben möchten, die im Traum, in einer Vision oder in der Meditation erscheinen. Das kommt nicht so häufig vor, wie offenbar viele Menschen es sich einreden. Voraussetzung dafür scheint entweder eine besonders große göttliche Gnade zu sein, oder eine subjektiv als abgrundtief empfundene Not, oder eine wahrhaftig vorbildlich reine Lebensführung, verbunden mit dem innigsten Wunsch nach Gotterfahrung.

Wer glaubt, Kontakt zu Geistwesen zu haben, das aber gründlich prüfen möchte, dem kann ich folgendes raten:

> Die Natur hat dafür gesorgt, daß es, um glücklich zu leben, keines großen Aufwands bedarf. Die Umstände sind von geringer Bedeutung.　*Seneca*

– Hören Sie auf keine Stimmen, weder mit offenen noch mit geschlossenen Augen. Fordern Sie statt dessen die Stimme auf, sich vor Ihrem geistigen, inneren Auge oder vor Ihren körperlichen, äußeren Augen zu zeigen.

– Dann fragen Sie: »Wer bist du?« – »Führst Du mich zu Gott (Wahrheit, zum Höchsten, Allah, etc.)?« – »Wie weiß ich, daß du mich richtig führst?«

– Beten Sie zu Gott (Allah, Buddhakraft, etc.) um Führung! Nehmen Sie sich ruhig die Zeit, mehrere Tage hindurch immer wieder zu beten und zu prüfen.

– Folgen Sie keiner Aufforderung, wenn Sie dem Ratschlag nicht auch bei klarem Verstande, im Tagesbewußtsein und nach ausgiebiger Überlegung zustimmen können.

Aufgestiegene Meister der Weißen Bruderschaft

Zu diesen unsichtbaren, im Regelfall geheim bleibenden Meistern, die uns durch die Theosophie bekannt gemacht wurden, gehören:

– *Amatu,* der im System des AMORC (Alter Mystischer Orden vom Rosen-Creutz) nur den Inhabern des »10. Tempelgrades« enthüllt wird.

– *Dwal Khul, »D. K.«,* angeblich ein »Adept des 2. Strahles«; Dwal Khul diktierte der Theosophin und Metaphysikerin *Alice Bailey,* wie es heißt, einen Hauptteil ihrer Schriften.

– *Hilarion, »Meister H.«,* der den 5. Strahl regieren soll.

– *Jesus,* ein Adept des 6. Strahles.

– *Kut Humi, »K. H.«,* der auf dem 2. Strahl wirken soll.

– *Morya, »Meister M.«,* der den 1. Strahl regiert.

– *Rakoczi* bzw. *St. Germain,* der den 7. Strahl regiert.

– *Serapis,* der den 4. Strahl regiert.

Nach Aussagen der Esoterikerin *Helena Petrowna Blavatsky* (siehe Literaturhinweise) haben diese unsichtbaren Meister der sogenannten Weißen Bruderschaft angeblich »eine fast göttliche Einsicht und Macht; sie können die Gedanken aller Menschen lesen und sie in jeder beliebigen Entfernung beeinflussen, materielle Gegenstände in ihre Bestandteile auflösen und an anderen Orten die Gegenstände wieder herstellen,

Naturerscheinungen willkürlich hervorrufen, ihre Seele kann den Körper verlassen und mit Blitzesschnelle an jedem Ort auf der Erde oder außerhalb unseres Planeten einige Zeit verweilen. Die Meister beherrschen die unglaublichsten Fähigkeiten. Gegen die Meister arbeiten angeblich die Dugpas, die Brüder des Schattens.« (Horst E. Miers, Lexikon des Geheimwissens, Goldmann Verlag, München, S. 277.)

Die Lehre der »7 Strahlen« ist eine alte esoterische Lehre. Hier Schlüsselworte dazu, erst die Energie des Strahls, dann ihr Ausdruck, die dazugehörige Religion sowie der jeweilige Meister.

1. Kraft: Tat, Brahmanismus, Morya
2. Bewußtsein: Einweihung, Buddhismus, Kut Humi/Dwal Khul
3. Anpassung: Evolution, Chaldäische Religion, Jupiter
4. Schwingung: Ausdrucksform, Ägyptische Religion, Serapis
5. Verstand: Wissenschaft, Zoroastrische Religion, Hilarion
6. Hingabe: Idealismus, Christentum und Kabbalah, Jesus
7. Beschwörung: Ritual/Magie, Naturreligion/Freimaurerei, Rakoczi/St. Germain

Inzwischen gibt es auch etliche Menschen, die glauben, solche aufgestiegenen Meister der Weißen Bruderschaft zu channeln. Vor allem in Sedona und in Santa Fé scheinen die »Durchgaben« besonders gut zu funktionieren. Ob das an einer besonders wundergläubigen und erwartungsschwangeren Einstellung liegen könnte?

Mir erscheint die »Arbeit« mit unsichtbaren Geistwesen oder aufgestiegenen Meistern zu spekulativ, zu sehr mit dem Risiko behaftet, als daß ich das, was ich erhoffe, auch emotional oder mental manifestiere – mir also meine eigene Wunschrealität schaffe. Da es genügend MeisterInnen gab und gibt, die in irdischer Gestalt und historisch nachprüfbarer Weise gelebt und gelehrt haben, habe ich aus der Beschäftigung mit diesen Menschen aus »Fleisch und Blut« mehr Gewinn.

Prinzipiell – selbst wenn man die Existenz der »Weißen Bruderschaft« für gegeben hält und daran nicht zweifelt – bleiben drei grundlegende Unterschiede zu den höchsten anderen spirituellen Meistern doch bestehen. Da diese »aufgestiegenen« Meister nicht wie wir alle in Fleisch und Blut leben, können wir einen »normalen« Kontakt zu ihnen nicht pflegen. Wir können nicht an ihrem Vorbild lernen, wie man auf der Erde das leben soll, was sie verkünden. Dazu braucht es dann doch eine/n lebende/n MeisterIn. Und sie lehren nicht die Befreiung der Seele vom Rad der Wiedergeburt, sie geben nicht die Verbindung mit dem inneren Licht und Klang, sie öffnen nicht das dritte Auge, sie stellen uns nicht auf den Rückweg der Seele zu Gott, sie schaffen nicht die Voraussetzungen für die »unio mystica«, die mystische Gotterfahrung in diesem Leben. Ihre Aufgabe ist vielmehr die von »Avataren«, die von der Astral- und Kausalebene oder Äther- und Mentalebene aus mehr Klarheit, Ethik, Ausgleich und spirituelle Entfaltung auf diesen Erdenplan bringen, nicht aber die Kompetenz haben, der Seele zu helfen, alle drei Welten zu verlassen.

Der dritte Unterschied: Da aufgestiegene Meister nicht im physischen Körper sind, können sie unser irdisches Karma weder lindern noch gar auf sich nehmen, wie es wahre lebende Meister jedoch aus Liebe zu den Seelen tun!

> Nur du bist wirklich und meine Liebe für dich. Unbemerkt steigt diese Wirklichkeit in eine Kuppel auf. Ich bin die Kuppel.
>
> *Mevlana Rumi*

Engel

Engel sind Boten Gottes – so leitet sich das Wort aus dem Lateinischen ab. Engel sind zwar geistige Wesen, die sich in lichteren Bereichen bewegen mögen als wir, dennoch stellen sie keineswegs die »Krone der Schöpfung« dar. Menschen stehen über den Engeln, über allen Engeln. Das zumindest ist die Aussage der drei großen monotheistischen Religionen und ihrer Schöpfungsberichte, des Judaismus, des Christentums und des Islam.

Es ist durchaus möglich, daß manche unter uns die Gegenwart von Engeln und anderen Lichtwesen spüren, fühlen, sogar sehen oder irgendwie anders wahrnehmen. Das kann eine wunderbare und erhebende Erfahrung sein.

Wenn Sie dieses Erleben geschenkt bekommen und einen oder »Ihren« Engel sehen, stellen Sie ihm doch zwei spirituell entscheidende Fragen:

1. Kannst du mir das Licht Gottes offenbaren und mich zu Gott bringen?
2. Wenn du das nicht kannst, was ist dann der nächste Schritt für mich auf meinem geistigen Weg, um zu Gott zu gelangen?

Es heißt, daß es dreierlei Engel gebe:
- Engel als Boten Gottes
- Schutzengel
- Engel, die Gott anbeten und verherrlichen.

Der Erzengel Gabriel war zum Beispiel jener Gottesbote, der dem Propheten Mohammed den Koran als das Wort Gottes offenbarte. Die Gegenwart von Schutzengeln werden die meisten unter uns schon einmal gespürt haben, auch wenn wir unseren Schutzengel nicht mit offenen Augen gesehen haben. Über Engel, die Gott anbeten, berichten alle heiligen Schriften, zum Beispiel auch die Johannesoffenbarung. Nach der christlichen Auffassung gibt es sieben Erzengel.

Die sieben Erzengel sind:
- *Uriel*, der Herrscher über den Hades, der Erzengel der Erlösung, der Wächter des verlorenen Gartens Eden mit dem feurigen Schwert; er wird auch »die Flamme Gottes« genannt.
- *Raphael*, der die Aufgabe hat, die Erde so zu heilen, daß sie zur Wohnstatt des Menschen dienen kann; er heilt auch Menschen, und sein Name bedeutet »Gott hat geheilt«.
- *Raguel* ist der Erzengel, der »gefallene« Engel zu richten hat; allerdings ist umstritten, ob er wirklich ein »Freund Gottes ist«, oder nicht doch selbst ein gefallener Engel, der sich anders ausgibt.
- *Michael* wurde im alten Chaldäa sogar wie ein Gott verehrt. Er hält die Schlüssel zum Himmelreich in seinen Händen; nach jüdischer Überlieferung war es Michael, der

Moses im brennenden Dornbusch erschien. Sein Name bedeutet »der wie Gott ist«.

– *Zerachiel* ist ein Wächter und nach einigen Okkultisten der »Engel der Sonne«.

– *Gabriel* bedeutet »Gott ist meine Stärke«. Er und der Erzengel Michael werden namentlich im Alten Testament erwähnt; das Neue Testament nennt auch Raphael ausdrücklich. Gabriel herrscht über das Paradies und steht für den Geist der Wahrheit.

– *Remiel* ist von Gott eingesetzt, wie es heißt, um über jene Seelen zu wachen, die von den Toten auferstehen. Manchmal wird er auch mit Uriel bezeichnet.

Sie haben sicher schon bemerkt, daß nicht alle Erzengel gleichermaßen bekannt bzw. anerkannt sind. Es gibt eine fast unüberschaubare Literatur zu diesem Thema, die sich durch die Jahrhunderte in zumindest den drei Religionen Judentum, Christentum und Islam angesammelt hat.

Auf dem römischen Kirchenkonzil des Jahres 745 wurde jegliche Engelsverehrung bis auf die Anbetung von Michael, Gabriel und Raphael untersagt. Die Verehrung von himmlischen Geistwesen hatte offensichtlich ein unkontrollierbares Ausmaß angenommen. Außerdem wurde die Begründung gegeben, daß sich falsche und sogar böse Geistwesen heimlich unter die Engelsscharen gemischt hätten. (Mehr zum Thema Engel siehe Literaturhinweise am Ende dieses Buches.)

> Ich bin ein Funken des Unendlichen. Ich bin nicht Fleisch und Knochen. Ich bin Licht.
>
> *Paramhansa Yogananda*

Avatare

Avatare sind nach der allgemein anerkannten Definition indischer Kosmologie die Verkörperungen einer der drei Gottesaspekte, nämlich Schöpfer (Brahma), Erhalter (Vishnu) und Auflöser (oder »Zerstörer«, Shiva). Beispielsweise war Lord Krishna, der Guru von Prinz Arjuna, der bekannteste und wichtigste Avatar Vishnus. Seine Lehranweisungen sind in der weltberühmten Bhagavad Gita nachzulesen.

Aus der indischen Kosmologie ergibt sich auch, daß die drei Gottesaspekte in der oberen sogenannten Kausalebene oder »Brahmand« beheimatet sind. Dies ist eine Ebene, auf der sich Bewußtsein und Materie in etwa die Waage halten; es ist zwar eine feinstoffliche Ebene, die jedoch noch nicht rein geistig ist. Avatare manifestieren sich in irdischer Form auf der Erde, als Verkörperungen oder »Inkarnationen« der drei Gottesaspekte (landläufig und eher mißverständlich nennt man sie auch »Götter«) Brahma, Vishnu und Shiva selbst können jedoch über ihre eigene Ebene, die Kausalebene oder Brahmand, nicht hinaus! Jenseits dieser Ebene jedoch folgt erst die Supra-Kausalebene oder Par-Brahmand. Und noch weiter »oben« bzw. »innen« folgt Sat Lok oder Sach Khand, die Ebene der Wahrheit, die Heimstatt der Seele, in der nur noch reines Bewußtsein und Licht vorhanden sind und keinerlei Materie mehr.

Der südindische Meister Satya Sai Baba und Mother Meera gelten als Avatare und lassen sich auch so bezeichnen. Hier zunächst einige Informationen über Sai Baba aus der Feder von Philippa Durst, einer Anhängerin von Sai Baba, wie sie in meinem Buch »Magisch Reisen Indien« veröffentlicht wurden (siehe Literaturhinweise).

Sai Baba

Der Begriff »Poorna-Avatar« bezeichnet einen »Voll-Avatar«, buchstäblich einen »Meister, der vom Himmel gefallen ist«. Nach indischer Überlieferung war Krishna vor 5000 Jahren der letzte Poorna-Avatar. In Indien wird – für uns oft unverständlich – der Guru, Meister oder Avatar mit Gott gleichgesetzt. Sai Baba sagt dazu: »Ich bin Gott, aber ihr seid es ebenso. Der Unterschied besteht nur darin, daß ich es weiß und ihr nicht.« Über die Aufgabe eines Avatars sagt er: »Der Avatar muß beraten, helfen, anordnen, urteilen, allen als Freund und Wohltäter zur Seite stehen, damit die schlechten Neigungen aufgegeben werden können, der richtige Weg erkannt und auch beschritten wird und das Ziel erreicht werden kann.« – »Mein Ziel ist die Wiederherstellung der gottgewollten Ordnung. Sie zu lehren und zu verbreiten ist meine Aufgabe. Was ihr Wunder nennt, ist nur ein Mittel zum Zweck.«

Soweit ein kurzer Text von Philippa Durst. Kommen wir nun zu einer Beschreibung von Mother Meera, die ebenfalls als Avatar bezeichnet wird.

Mother Meera

Die junge indische Frau, die »Mother Meera« genannt wird, wurde 1960 in einem Dorf in Südindien geboren. Sie lebt heute in Dornburg-Thalheim bei Frankfurt und wurde u. a.

durch Berichte des Religionsforschers und Schriftstellers Andrew Harvey bekannter.

Im Büchlein »Answers« (siehe Literaturhinweise) wird sie als »Avatar« bezeichnet und als »eine von mehreren Inkarnationen der Göttlichen Mutter«, die »heute auf der Erde« ist. In einer Passage über die Öffnung für das innere Licht heißt es dort auf Seite 38:

>*Frage:* In welchem Stadium der spirituellen Praxis nehmen wir das Par-Atman-Licht direkt wahr?
Antwort: Ich kann nicht sagen, auf welcher Ebene du sein wirst, wenn du es siehst. Es hängt von deiner starken Sehnsucht ab, es zu sehen und auch von der Reife deiner Übungspraxis. Es ist das Ziel menschlicher Wesen, das Par-Atman-Licht zu sehen, es zuerst zu sehen und dann damit eins zu werden.
Frage: Was hindert uns daran, das Licht zu sehen?
Antwort: Du hast deine Pflichten und kannst dich nicht nur auf das Par-Atman-Licht konzentrieren. Wenn die Zeit kommt, wird dich nichts daran hindern, es zu sehen.«

Aus diesen Sätzen wird deutlich, daß es Mother Meera um das Par-Atman-Licht geht, sie aber nicht angeben kann, in welchem Stadium der Entwicklung man es wahrnimmt. Die Lehren und Lehrer von »Sant Mat« (oder »Wissenschaft der Seele«, wie sie von Hazur Baba Sawan Singh, Sant Kirpal Singh, Sant Darshan Singh und Sant Rajinder Singh weitergegeben wurde) gehen in diesem Punkt einen Schritt weiter und stellen fest, daß das Par-Atman-Licht auf der Supra-Kausalebene (Par-Brahmand) wahrgenommen wird, allerdings sogar diese hohe Ebene noch immer nicht die höchste Stufe darstellt. Noch höher ist die Ebene Sat Lok oder Sach Khand, die auch Ebene der Wahrheit, Heimat der Seele oder Ebene des reinen Bewußtseins genannt wird.

Die Aufgabe eines Avatars besteht darin, wieder Harmonie und Frieden, Liebe und neue Ordnung aus höheren Ebenen auf die Erde zu bringen. Dies ist eine sehr hohe und wunderbare Aufgabe.

Avatare haben nicht die Funktion, suchende Seelen mit dem »Heiligen Geist«, mit Shabd, Bani oder Naam zu verbinden, also mit der reinen Gotteskraft, die aus der Ebene des reinen Bewußtseins strömt und dorthin zurückführt. Sie haben nicht die Aufgabe, die Seele aus der irdischen Ebene zu befreien und durch die astrale, kausale und supra-kausale Ebene zu Gott zu führen. Nach der Eigenbeschreibung von Avataren haben sie dazu auch nicht die Vollmacht. Diesen Auftrag und die dazu notwendige Kompetenz haben die »Sant Sat-Gurus« oder »Meister-Heiligen«. Avatare können höchstens bis dorthin führen, woher sie selbst inkarniert sind – bis zur Kausalebene oder Supra-Kausalebene, aber logischerweise nicht darüber hinaus.

Noch eine Nachbemerkung zum Wort Avatar: Im Zeitalter der Kommerzialisierung von Idealen und der Profanierung des Heiligen ist inzwischen auch der Begriff Avatar zum »geschützten Markenzeichen« angemeldet worden. Dies ist kurios und sowohl rechtlich als auch moralisch fragwürdig, aber das ist offenbar unsere Zeit. (Ob die Meldung, die ich in den USA hörte, daß die Avatar-Kurse von einem ehemaligen

Scientology-Anhänger begründet und geleitet wurden/werden, zutrifft oder nicht, konnte ich bislang noch nicht klären.)

Es wäre immerhin schön, wenn die jeweilige Herkunft jeder Methode und der bisherige Werdegang jedes ihrer führenden Vertreter von vornherein offengelegt würden – auch in den Hochglanzbroschüren und Werbeschriften!

> Der hat umsonst gelebt, der trotz der menschlichen Geburt, die so selten und schwierig zu erlangen ist, nicht wenigstens versucht, Gott in diesem Leben zu erfahren. *Ramakrishna*

Das gilt übrigens auch für Reiki und die historisch noch immer nicht dokumentierte Existenz sowie den ebenfalls nicht belegten (belegbaren?) Werdegang des Reiki-Begründers Usui.

Frühere Meister

Wie einfach wird es Ihnen fallen, Klavier spielen zu lernen nur aufgrund der schriftlichen Aufzeichnungen eines inzwischen verstorbenen Virtuosen? Genügt es, die Lebensgeschichte eines Bach oder Mozart zu lesen, reicht es, ihre Partituren zu studieren (wobei man ja auch erst einmal lernen müßte, überhaupt Noten zu lesen), können wir uns das Spielen beibringen, indem wir einfach den wunderbaren Aufnahmen von Vladimir Horowitz oder Yehudi Menuhin lauschen?

Oder, noch drastischer: Nehmen wir einmal an, Sie müssen zu einer schwierigen Operation ins Krankenhaus oder Sie kümmern sich um einen lieben Menschen, den Sie zu einer Notoperation in ein Krankenhaus bringen sollen. Wie wohl würden Sie sich fühlen, wenn Sie wüßten, daß der Arzt, der den Eingriff vornehmen soll, nie bei einem medizinischen Lehrer oder Professor oder bei einem Chirurgen gelernt hat, sondern nur aufgrund von Bücherstudium oder geistigen Inspirationen die Narkose so oder anders anordnet und das Messer so oder anders ansetzt?

> Durch die Gnade Seines wahren Dieners,
> Den Meister, kann Gott erkannt werden.
>
> *Guru Nanak*

Lebende Lehrer und Heilige

Zu jeder Zeit gab und gibt es in den Nationen und Gesellschaften dieser Erde zahlreiche Lehrer und einige wenige Menschheitslehrer. Zu jeder Zeit und in jeder Kultur und Religion gibt es einige Heilige und immer auch einige wenige »Meister-Heilige«.

Zu den Menschheitslehrern zähle ich zum Beispiel Pythagoras und Leonardo da Vinci, Albert Schweitzer und Mahatma Gandhi. Zu den Heiligen gehören meiner Ansicht nach viele christliche Mystiker, aber auch eine Frau wie Mutter Teresa und eine ganze Reihe von Menschen aus dem Nahen Osten und Asien.

Heilige sind Menschen, die heil sind. Heil bedeutet gesund, vollständig und voller guter Vorzeichen zu sein. Heilige sind Menschen, die erfahren haben, daß sie Seele, Selbst bzw. Bewußtsein sind, die eine Zeitlang in einem irdischen Körper leben. Sie wissen, daß sie nicht aus ihrem Ich heraus leben, sondern aus einer großen ewigen Quelle der Allbewußtheit, die sie entweder Buddha-Natur oder Jehovah, Gott oder Allah oder anders nennen. Sie verwirklichen tätige Nächstenliebe, wie zum Beispiel Franziskus von Assisi, weil sie in jedem Geschöpf den göttlichen Seelenfunken leuchten sehen.

Meister-Heilige sind jene Heiligen, die von Gott den Auftrag bekommen haben, Seelen, die sich nach Wahrheit und Gott sehnen, nach Liebe und Licht, mit der Gotteskraft im Inneren zu verbinden. Nach dieser Rück-Verbindung (Re-ligio), die man auch »Initiation« oder »geistige Taufe« nennen kann, lösen sie die Seele nach und nach aus ihren weltlichen Verhaftungen heraus, nehmen sie durch die inneren Ebenen und führen sie zu Selbstverwirklichung und Gotterkenntnis.

Sicher kennen Sie folgende Worte aus der Bibel, die konkrete mystische Bedeutung haben:

> Wisset ihr nicht, daß ihr der Tempel Gottes seid
> und der lebendige Geist in euch wohnt?
> Tretet ein durch die enge Pforte,
> denn eng ist die Pforte und schmal ist der Weg,
> der zum Leben führt ...
> Wenn dein Auge einfältig ist,
> wird dein ganzer Leib licht sein.
> Im Anfang war das Wort ... in ihm war das Leben.
> Das Leben war das Licht der Menschen.
> Das Licht scheinet in der Finsternis,
> aber die Finsternis hat's nicht ergriffen.

Seit Menschengedenken sind immer wieder Gottessöhne, Heilige, Himmelsboten gekommen, um uns daran zu erinnern, daß wir Königskinder sind, die sich in einem Irrgarten verlaufen haben. Die Eltern warten sehnlichst auf die Rückkehr ihrer Kinder, die aber vergessen haben, welches der rechte Heimweg ist und die sich meist sogar so sehr in den Freuden und Nöten der Welt verloren haben, daß sie die zeitlich und materiell sehr begrenzte Traumwelt des irdischen Lebens für ihr ein und alles halten und die Existenz einer geistigen Wirklichkeit oft noch ablehnen oder abstreiten.

Man kann die Verhaftung und den Grund, warum der Weg des verlorenen Sohnes zurück zum Vater, warum der Prozeß des Erwachens für das innere Licht lange dauern kann, mit folgendem Beispiel gut erklären:

Stellen Sie sich vor, daß ein wunderhübsches feines Seidentuch über einem Rosenstrauch liegt. Die roten Blüten durften so lieblich, die grünen Blätter glänzen so schön, und doch berührt das Seidentuch nicht nur Blüten und Blätter, sondern ist an vielen Stellen auch an den Dornen des Strauchs verhakt. So wunderbar die Welt in vielem ist, so sind wir mit unserem Gemüt doch in vieles auch verhakt – das können schlechte Verhaltensmuster, böse Erfahrungen oder offene Gemütswunden sein, aber auch die Freude über Besitz und Habe, schöne Gefühle oder Gedanken.

Der Meister-Heilige hat nun die Aufgabe, das Seidentuch der Seele vorsichtig von einem Dorn nach dem anderen abzulösen, damit es nicht zerreißt. Erst, wenn das Seelentuch an keinem einzigen Dorn mehr hängt, ist die Seele ganz frei, um ihr eigenes Licht zu erkennen und in ihre Heimat zurückzukehren. Was wäre, wenn die Seele – aufgrund ihrer Fehlidentifikation mit der Körperwelt und den Sinnen – nun aber selbst noch an den Dornen festhielte?

Der für den Schüler notwendige Beitrag besteht deshalb darin, daß er sich um drei Dinge ernsthaft bemüht: um ein ethisches Leben, um selbstlosen Dienst für die Menschheit und um regelmäßige Einkehr oder Meditation.

Ein Meister-Heiliger wird in den indischen Religionen auch »Sant Sat Guru« genannt. Ein »Sant« ist ein Heiliger. Ein »Guru« ist ein Lehrer, der Licht bringt. »Sat« bedeutet Wahrheit. Ein »Sat Guru« ist somit ein Lehrer, der das Licht der höchsten Wahrheit bringt.

Was uns im Westen heutzutage – vor hundert Jahren und davor war das wohl noch anders – merkwürdig anmutet, ist, daß die wahren Meister keinerlei Aufhebens von sich machen, sich nicht mit irgendwelchen Kräften brüsten, vielmehr alles Gute, das sie bewirken, als ein Geschenk und die Gnade ihres Meisters oder Gottes bezeichnen.

> Wie Gott in uns ist, so ist er in euch. Darum wendet euch schweigend nach innen, bis das göttliche Licht in euch aufflammt, das göttliche Wort in euch ertönt.
>
> *Pythagoras*

Ich hatte das unbeschreibliche und natürlich völlig unverdiente Glück, zwei solchen »Gott-Menschen« begegnen zu dürfen, die das »innere Auge« und das »innere Ohr« geöffnet und mir die Verbindung mit der berauschenden und heilsamen Sphärenmusik und der Quelle des ewigen göttlichen Lichts geschenkt haben. Aus dieser Erfahrung heraus möchte ich Ihnen ans Herz legen, die Möglichkeit, einem Heiligen zumindest einmal zu begegnen, auf jeden Fall wahrzunehmen, auch wenn das eine lange Anreise, Terminverschiebungen oder andere »Unbequemlichkeiten« erfordert. Jeder Mensch, der sich nach Wahrheit oder nach Gott sehnt, hat die Chance, einem Heiligen zu begegnen. Dieses Buch soll auch dazu eine Hilfe sein.

8 Einige wichtige und bekannte Lehrer von früher und heute

Moses

Mit Moses schloß Gott den feierlichen Bund zwischen Ihm und dem Volke Israel. Moses wurde so zum Begründer der mosaischen oder jüdischen Religion. Er war der Befreier des Volkes Israels aus ägyptischer Knechtschaft, vor allem aber galt er als Mittler des göttlichen Willens. Die ersten fünf Bücher des Alten Testament, der Pentateuch, werden ihm zugeschrieben. Dort finden sich zahlreiche Hinweise auf mystische Erfahrungen, die seinen Glauben an Gott und Seine Allmacht überhaupt erst möglich machten.

Lao-tse

Lao-tse soll etwa 600 v. Chr. in China gelebt haben. Er gilt als der Begründer des Taoismus. Sein einziges Werk ist das weltweit übersetzte Tao Te King. »Das Tao, das man nennen kann, ist nicht das wahre Tao.« Er war ein Mystiker höchsten Ranges, der, wie man dem Tao Te King entnehmen kann, über die Dualität der Gegensätze von Raum und Zeit hinausgewachsen war. Es wäre falsch (wie das manche leider tun), seine Gelassenheit dem Leben und den Dingen gegenüber als Aufforderung zum Laissez-faire oder sogar zum Fatalismus anzusehen. Vielmehr lehrte er das Werken und Wirken ohne Ich-Verhaftung und ohne nach den Früchten zu schielen. Er lebte und lehrte den inneren Sinn. Liä Dsi und Chuang Dsi können wohl als seine Nachfolger oder zumindest Nachfahren gelten.

Konfuzius

Konfuzius gilt als der Zeitgenosse Lao Tses. Seine Lehre war weniger mystisch als vielmehr auf eine pragmatische Ethik des Handelns in Staat und Gesellschaft, in Beruf und Familie ausgerichtet. Über ihn gibt es die hübsche Lehrgeschichte vom Maschinenherzen:

Eines Tages gingen Konfuzius Schüler über die Felder. Sie sahen einen alten Bauern mühsam Wasser mit einem Holzeimer an einem langen Seil aus einem Brunnen schöpfen, der dann Eimer um Eimer zu seinem Feld trug und das Wasser dort ausleerte. Sie gingen zu ihm hin und begannen, die Vorzüge eines Ziehbrunnens mit einer Holzgabel, einem Holzrad und einem Zugseil zu erklären, um das Wasser weniger mühsam und sehr viel geschwinder herauszuschöpfen. Sie beschrieben auch, wie ausgehöhlte Baumstämme, die vom Brunnen aus zum Feld führten und immer ineinandergelegt waren, das Wasser wie von selbst zum Feld fließen ließen.
Der von seiner Arbeit gebückte Bauer hörte sich geduldig an, was die Schüler des großen Konfuzius ihm zu sagen hatten. Dann sah er sie an und sprach: »Die Vorrichtungen, die ihr beschreibt, kenne ich wohl. Doch ich würde mich schämen, sie zu benutzen. Denn wenn man einmal damit be-

ginnt, die Maschine zu benutzen, bekommt man bald ein Maschinenherz. Und dann ist der wahre Sinn des Lebens verloren. Ihr habt einen schönen Meister, der euch lehrt, solche Dinge zu verbreiten.«

Als die Schüler zu Konfuzius zurückkamen und ihm von ihrer Begegnung berichteten, schwieg dieser lange Zeit. Dann sagte er: »Es ist an der Zeit, daß ich mich zurückziehe, und zu lernen beginne.«

Buddha

Im Abendland hat Hermann Hesse in seiner Erzählung Siddhartha dem Prinzen Gautama ein unsterbliches Denkmal gesetzt und ist dabei, wenn auch poetisch spekulativ, auf die menschliche Dimension einer Entwicklung zu Heiligung und Erleuchtung eingegangen. Heutzutage kennen wir meist die friedliebende, ethische Seite der verschiedenen buddhistischen Religionsgruppen, die nach seinem Weggang entstanden, sowie deren äußere Rituale und esoterische Riten. In den ursprünglichen Schriften des Buddha spricht dieser jedoch ausdrücklich vom Weg der Mystik oder Innenkehr, vom »tönenden Licht«, mit dem der Mensch Verbindung gewinnen solle, um so zur Selbsterkenntnis zu gelangen. Im Buch »Krone des Lebens« von Sant Kirpal Singh ist mehr dazu nachzulesen (siehe Literaturhinweise).

Jesus Christus

Wer war Jesus Christus? Ein Mensch, der heilig wurde? Ein geborener Heiliger, der zum Boten Gottes wurde? Ein Gottessohn, der als Gott und Mensch zugleich vollkommen auf diese Erde kam, um Seelen zu erlösen? Gott selbst, der »Vater«, der sich in eine zerbrechliche menschliche Form gab, um die Botschaft vom ewigen Leben zu bringen? Auf diese und viele weitere Fragen bin ich im Buch »Was lehrte Jesus wirklich?« detailliert eingegangen (siehe Literaturhinweise). Das läßt sich hier aus Platzgründen nicht wiederholen oder auch nur zusammenfassen.

Immerhin meine ich sagen zu dürfen: Jesus Christus war ein Gottessohn, der die symbolische Bußtaufe des Johannes durch eine spirituell wirksame Taufe mit dem Heiligen Geist und mit Feuer ablöste, der dazu aufrief, sich auf die jedem Menschen innewohnende Göttlichkeit zu besinnen: »Seid vollkommen, wie euer Vater im Himmel vollkommen ist.« »Es sei denn, daß du von neuem geboren wirst, so kannst du das Reich Gottes nicht erlangen. Fleisch wird aus Fleisch geboren, Geist aus Geist.« Ich glaube zu wissen, daß auch nach seiner Kreuzigung die echte »Taufe« mit dem Heiligen Geist und mit Feuer, die »Initiation«, weitergegeben wurde und wird. Ich glaube nicht, daß Jesus Christus der einzige Gottessohn war, der je auf diese Erde gekommen ist. Ich glaube, daß er zeitweise der Träger der Gotteskraft war, aber Gott auch vor ihm und nach ihm Seine Boten zu uns Menschen gesandt hat. »Ich bin das Licht der Welt, solange ich in der Welt bin.«

Mohammed

Der Prophet des Islam erhielt eine Neuoffenbarung Gottes, den Koran, vom Erzengel Gabriel etwa 600 nach Chr. übermittelt – so heißt es in dieser Religion. Ursprünglich war der

Islam von großer Toleranz gegenüber den beiden monotheistischen Bruderreligionen, dem Judaismus und dem Christentum, gekennzeichnet. Der Islam baute schließlich auf diesen beiden Religionen auf und stellt sozusagen eine Neuoffenbarung oder Letztoffenbarung dar! Man findet im Koran Hinweise auf Abraham und Moses, auf Jesus und Maria. Daß im Verlauf der Jahrhunderte auch diese Religion Dogma und Politik stärker betonte als mystische Praxis, kann man dem gottberauschten Propheten sicher nicht anlasten (wie auch die sogenannten Kreuzzüge, die Inquisition und die Hexenverfolgungen nicht Jesus Christus zuzurechnen sind).

Interessant ist, daß fast jede islamische Flagge zwei deutliche Kennzeichen der ursprünglichen mystischen Erfahrung zeigt: Halbmond und Stern. Sterne und Mond sind Merkmale der ersten inneren Ebene, der »Astralebene«. Von Mohammed heißt es bezeichnenderweise, daß er den Mond »entzwei geschnitten« habe, den inneren Kosmos also durchquert hat, um auf eine höhere geistige Stufe zu gelangen.

Mevlana Rumi

Dieser Mystiker des 13. Jahrhunderts und sein Lehrer Shamas von Täbris sind die wichtigsten Zeugen dafür, daß es auch im Islam nach Mohammed immer wieder Meister-Heilige gab, die man oft Sufis nennt. Rumis Dichtung «Masnavi« ist weltberühmt, wenn auch meist mißverstanden. Viele Interpreten meinten, daß Rumi ein Trinker gewesen sei, der – im Islam bekanntlich streng verpönt – dem Weine und anderen fleischlichen Genüssen zugesprochen habe. Nichts ist weiter von der Wahrheit entfernt. Der Grund für ihre Annahme: Rumi spricht immer wieder vom Mundschenk, vom Wein, der im Becher tanze und funkle, und von der Berauschung. In Wirklichkeit ist »Wein« in der mystischen Dichtung jedoch ein Synonym für die innere, göttliche Kraft, den Heiligen Geist, das Wort, die Sphärenklänge, welche die Seele in der Tat berauschen. Der »Geliebte« ist abwechselnd entweder der eigene Meister oder Gott. Hier ein aufschlußreicher Vers von Rumi:

> »Komm zu uns nicht, ohne Musik zu bringen.
> Wir feiern mit Trommel und Flöte,
> mit Wein, der nicht aus Trauben stammt,
> an einem Ort, den du dir nicht vorstellen kannst.«

Wenn sich die Seele mit der Hilfe eines Meister-Heiligen über den Körper erhebt – bereits während des irdischen Lebens durch Innenkehr bzw. Meditation –, dann vernimmt sie unterschiedliche Klänge auf den verschiedenen inneren Ebenen, wird davon so berauscht, daß sie die Verhaftung an die Welt fahren läßt und an einen Ort gelangt, der jenseits unserer Vorstellung ist: in die Ebene des reinen Bewußtseins und der reinen Wahrheit.

> Der Endzweck besteht darin, daß alles zum Schöpfer zurückkehre und eine Verbindung sei.
>
> *Swedenborg*

Kabir

Kabir war ein armer Weber aus Benares (Kashi, Varanasi) in Indien, der zu allerhöchsten Erkenntnissen gelangte. Er lebte um 1500 und ist ein etwas älterer Zeitgenosse von

Guru Nanak. Kabir galt und gilt sowohl Hindus als auch Muslimen als Heiliger. Manche sahen bzw. sehen in ihm sogar eine Verkörperung Gottes.

In Kabirs Buch »Anurag Sagar« findet man eine höchst erstaunliche Beschreibung der Schöpfungsgeschichte. Diese Darstellung hat mich tief bewegt. Ich kann sie hier nur als eine sehr stark vereinfachte und dabei recht grobe Skizze wiedergeben. Gott sandte demnach Tropfen des göttlichen Bewußtseins aus sich aus, die Seelen. Diese Seelen wurden sich der Trennung von ihrer Quelle von Licht und Liebe sofort bewußt, wandten sich sogleich unmittelbar Gott zu und gingen in Ihm wieder auf. Eine dieser Seelen wurde sich des Lichts, das sie in sich trug, bewußt und verharrte in dessen Glanz, ohne direkt zurückzukehren. Sie widmete sich der Anbetung dieses Lichts und der Verherrlichung ihres Schöpfers, Gott. Diese Seele war laut Kabir »Kal«, eine Seele, die ihren Willen Gottes Willen gleichstellte (nach der christlichen Lehre ist dies »Luzifer«).

Durch die Anbetung Gottes erlangte Kal immer mehr eigene Strahlkraft und begann dadurch, die zu Gott zurückkehrenden Seelen auf ihrem Heimweg zu ihm »abzulenken«. Gott wies Kal daraufhin einen Bereich unterhalb der Sphären des reinen Geistes zu, »verbannte« ihn sozusagen aus der unmittelbaren Gottesnähe.

In diesem »eigenen Reich«, das aus der Kausalebene, der Astralebene und der irdischen Welt besteht, konnte Kal eine »eigene Schöpfung« aufbauen. Kal erbat und erhielt von Gott Seelen, die sein Reich bevölkerten.

In diesen drei Welten richtete Kal das eherne, hundertprozentig gerechte, aber unbarmherzige Gesetz des Karmas ein, das Gesetz von Ursache und Wirkung:

»Auge um Auge, Zahn um Zahn.« »Was du säest, das wirst du ernten.« »Auf jede Aktion erfolgt eine Reaktion.« (Sant Kirpal Singh, »Karma – Das Rad des Lebens«, Origo Verlag, Bern.)

Mit diesem »Mechanismus war Kal in der Lage, die Seelen in seinem Herrschaftsbereich festzuhalten – durch ihre eigene Verstrickung in Wünsche und Abneigungen, in Sehnsüchte und Laster, in gute und üble Gedanken, Worte und Taten.

Denn jede Gemütsbewegung, die sich auf diese drei Welten bezieht, führt dazu, sich weiter darin zu verstricken, so wie jede Bewegung einer Fliege im Spinnennetz sie nur noch fester darin verwickelt.

Gleichzeitig ließ sich Gott darauf ein, daß sich die Seelen im Herrschaftbereich von Kal nicht mehr an frühere Existenzen erinnerten, ihre göttlich Herkunft vergaßen und aus Kals Herrschaftsbereich nicht mit Wundern herausgeführt werden durften. Nur das lebendige Vorbild, die Botschaft und die Vollmacht eines Gottessohnes, der als barmherziger Erlöser-Meister aus höchsten Höhen auf die Erde kommt, um den Seelen die Wahrheit ihres Wesens zu sagen, ihnen ihr altes Karma abzunehmen und sie mit der rettenden Kraft des Heiligen Geistes zu verbinden, kann die Seelen aus Kals Reich herausführen.

Warum ließ sich Gott auf dieses Spiel überhaupt ein? Weil Er alle seine Kinder gleichermaßen liebt und deshalb auch

Kal? Ich weiß es nicht. Immerhin ist dies eine höchst bedenkenswerte Schöpfungsgeschichte.

Als Kabir seinen Körper verließ, fingen seine hinduistischen und seine islamischen Anhänger an darüber zu streiten, ob der Körper, wie es im Hinduismus üblich ist, verbrannt werden sollte, oder ob er beerdigt werden sollte, wie man es im Islam macht. Schließlich wurde die »salomonische Lösung« gefunden, den Körper doch einfach genau in der Mitte durchzutrennen und jeweils eine Hälfte nach einem Ritus zu bestatten. Als das Leichentuch hochgehoben wurde, fand man allerdings nur noch eine Fülle von duftenden Blüten. Jeweils eine Hälfte wurde verbrannt bzw. in der Erde begraben.

Guru Nanak

Guru Nanak gilt als Begründer der Sikhreligion, die als Reformbewegung zum starren Hinduismus mit seinem Kastenwesen und den leeren Ritualen und zum orthodox-dogmatischen Islam gesehen wurde. In erster Linie war Guru Nanak jedoch ein Meister-Heiliger, dem eine ganze Reihe von späteren Gurus folgte. Seine und ihre Hauptaufgabe bestand darin, die in Vergessenheit geratene Kernbotschaft jeder Religion wiederzubeleben: Jeder Mensch ist Seele. Die Seele stammt von Gott. Der Zweck des Lebens ist, die Rückverbindung der Seele zu Gott erlangen und auf der Erde als Gemeinschaft von Kindern eines einzigen Schöpfers zu leben. In »Jap Ji«, einer längeren Versdichtung von Guru Nanak, beschreibt er die inneren Ebenen und den Rückweg der Seele zu ihrem Ursprung. Übrigens riß die Kette lebender Lehrer mit dem angeblich letzten Guru der Sikhs, Guru Gobind Singh, keineswegs ab, genauso wenig, wie nach Jesu Kreuzigung die Übermittlung der wahren Taufe auch nicht aufhörte. Vielmehr gibt es immer mindestens einen Meister-Heiligen in jeder Zeit, der die sich aufrichtig nach Erlösung sehnenden Seelen auf den Weg in ihre göttliche Heimat stellt.

Auch im Christentum gab es immer wieder Mysterikerinnen, die über besondere innere Erfahrungen berichteten. Hildegard von Bingen und Theresa von Avila sind zu nennen, Meister Eckhart und Johannes vom Kreuz, und viele mehr. Gemeinsam ist diesen Berichten die absolute Sicherheit, mit denen diese Menschen davon erzählen, daß es eine Seelen-Wirklichkeit gibt, vor deren Glückseligkeit unser irdisches Leben verblaßt. In »Das große Lesebuch der Mystiker« (siehe Literaturhinweise) sind zahlreiche christliche Heilige mit ihren eigenen Zeugnissen vertreten.

> Der höchste Sinn des Lebens besteht darin, sich als Seele zu erkennen, und die Vereinigung mit der göttlichen Quelle anzustreben.
> *Swami Vivekananda*

Ramakrishna

Dieser Meister und von allen Religionsgemeinschaften als Heiliger anerkannter geistiger Lehrer gab das weiter, was man mit dem Begriff »Advaita Vedanta« bezeichnet. Er öffnete seinem wohl bekanntesten Schüler, der später Swami Vivekananda hieß, die Schau der inneren, höheren Ebenen.

Aus dieser ersten Begegnung der beiden wird folgender Dialog übertragen.

Vivekananda: Hast du Gott gesehen?

Ramakrishna: Ja, ich sehe Gott sogar klarer, als ich dich sehe.

Vivekananda: Kannst du auch mir eine Gotteserfahrung geben?

Ramakrishna: Ja, lieber Sohn, mit Seiner Gnade kannst auch du ihn erfahren.

Die Kernaussagen lassen sich so formulieren: Die wahre Natur des Menschen ist göttlich. Da Wirklichkeit eine unteilbare Wesenheit ist, die allen Erscheinungen, von den höchsten zu den niedrigsten, zugrunde liegt, haben alle Dinge Anteil am Wesen der Göttlichkeit, die ewig, allgegenwärtig, allwissend und allmächtig ist.

Das Ziel jedes menschlichen Wesens sollte sein, die Göttlichkeit zu entfalten, die ihm innewohnt. Die Unterschiede zwischen Individuen spiegeln den Grad der Manifestation dieser Göttlichkeit, und alle frommen Handlungen sind nur dazu da, die allem innewohnende Göttlichkeit zu entdecken.

Da der Mensch dem Wesen nach göttlich ist, trägt er ein unendliches Potential in sich und die Fähigkeit, den Schleier vom Antlitz seiner göttlichen Natur durch intensives Gebet, Meditation, Entsagung und selbstlosen Dienst zu reißen. Mit der Beherrschung seines Gemüts durch solche spirituellen Disziplinen erhebt sich der Aspirant über alle niederen Wünsche und erspürt sich schließlich als eins mit dem Universalen.

Wahrheit ist, dem Vedanta zufolge, universell und unpersönlich. Vedanta akzeptiert alle Religionen der Welt als wahr und ehrt alle großen Propheten und Menschheitslehrer, die von Zeit zu Zeit unter verschiedenen Völkern geboren werden, um die spirituellen Bedürfnisse eines bestimmten Zeitalters zu erfüllen.

Ramana Maharshi

Am Anfang des Buches haben Sie bereits eine kurze Beschreibung der Begegnung meines Großonkels Hans-Hasso von Veltheim-Ostrau mit diesem gütigen und stillen Meister gelesen. Seine »Lehre« – die er selbst nie so niederschrieb, andere haben das aus Interesse an seinen Aussprüchen getan – bestand vor allem darin, die Menschen auf die Suchfrage »Wer bin ich?« hinzuweisen. Er gebrauchte diese Suchfrage auf eine Weise, daß sie – obwohl sie als Frage selbstverständlich noch der mentalen Ebenen angehört – doch geeignet war, den Verstand hinter sich zu lassen und über seine Begrenzungen hinaus in das Reich des Geistes vorzustoßen. Ihm wurden zeitlebens zahlreiche Wunder, Errettungen und Hilfen weltlicher und spiritueller Natur zugeschrieben. Aber er lehnte es immer ab, damit in Verbindung gebracht zu werden. Er wies statt dessen darauf hin, daß solche Erlebnisse, auch wenn sie tatsächlich übernatürlicher oder metaphysischer Natur waren, doch letztlich dem Wirken des menschlichen Gemüts, der Gefühle und Gedanken, wenn auch in ihren feineren Schwingungen der Astral- oder Kausalebene, zugeschrieben werden müßten. Ramana Maharshis Lehre ist schlicht, und gerade deshalb so eindrucksvoll und bewegend:

– Es ist sicher verlockend, sich mit den zahllosen Erscheinungen der Welt zu beschäftigen und sie materiell und
geistig zu erforschen. Das sind also die vielen Objekte.

– Es ist zweifellos auch interessant, sich damit auseinander-
zusetzen, wie wir diese Welt wahrnehmen. Hier geht es um
die Wahrnehmungsweise.

– Am wichtigsten aber ist, festzustellen, wer denn die Objekte der Welt überhaupt wahrnimmt! Das ist das Subjekt,
das Selbst, das nie geboren wurde und nie stirbt, das nicht
schläft, ißt und trinkt, das keine Angst hat und sich nicht
in den Freuden der Welt verliert.

Übrigens: Seine Haltung zum Leben war deshalb nicht etwa
lieblos. Im Gegenteil zählt gerade dieser Meister zu den allzeit liebevollen und anteilnehmenden großen Seelen. Im Ansata Verlag gibt es einige lesenswerte Bücher mit Aussprüchen von Ramana Maharshi.

Paramhansa Yogananda

Dieser wunderbare Lehrer ist durch sein Buch »Autobiographie eines Yogi« auch bei uns inzwischen so bekannt geworden, daß ich an dieser Stelle nur auf dieses Buch verweisen
möchte. Yogananda empfahl ein natürliches, normales Leben in der Welt in Verbindung mit der Bemühung um die
Entwicklung des Seelenbewußtseins durch Gebet, Meditation und selbstlosen Dienst. Er zollte allen Religionsformen
seinen Respekt, forderte aber dazu auf – wie alle wahren
Meister –, über Buchwissen, rituelle Bräuche und reinen
Glauben hinauszugehen und eigene religiöse Erfahrung zu

erwerben. Dazu bedarf es nach seiner Ansicht eines spirituellen Meisters: »Solange wir uns nicht mit jenen austauschen, die selbst in ihrem Leben wahre Religion gesehen, gespürt und verwirklicht haben, können wir nicht ganz erkennen, was sie ist, und worin ihre Universalität und Notwendigkeit beruhen.«

> Die Schwierigkeit des Lebens ist nicht, wie man den Tod vermeidet, sondern wie man das Böse meidet. Gott, gib mir, was für meine Seele gut ist. *Sokrates*

Sri Aurobindo

Dieser bedeutende indische Meister formte einen Weg, den er den »integralen Yoga« nannte. Aurobindo war zunächst in der indischen Freiheitsbewegung tätig, bevor er sich ausschließlich der Spiritualität widmete. Sein Ansatz ist von dem Bemühen geprägt, die in der Welt auseinandergefallenen bzw. entgegengesetzt zu wirken scheinenden Pole von Geist und Stoff wieder zu vereinen. In Pondicherry an der indischen Südostküste, südlich von Madras, entstand um ihn und seine Lebensgefährtin, die Französin Mirra Alfassa, die respektvoll »Die Mutter« genannt wurde, ein Ashram. In Auroville, nicht weit entfernt, wird noch immer – bald fünfzig Jahre nach seinem Abschied von dieser Erde – an einem großen internationalen Projekt gearbeitet, in dem Menschen aller Religionen und Nationen eine neue, harmonische Lebensform erproben. Hier einige Kernsätze zu seinen Lehren.

»Es gibt zwei aufeinander bezogene Kräfte im Menschen: Wissen und Weisheit. Wissen ist so viel von der Wahrheit, wie es einem Gemüt in einem verzerrenden Medium gelingt, davon zu begreifen. Weisheit ist, was das Auge der göttlichen Sichtweise im Geiste sieht.

Inspriration ist ein schmaler, fließender Lichtschein, der von einem unermeßlich großen, ewigen Wissen zu uns herüberspringt. Sie übertrifft den Verstand noch vollkommener als der Verstand das Wissen der Sinne.

Spät lernte ich, daß Weisheit geboren wurde, als Verstand starb. Vor dieser Befreiung besaß ich nur Wissen.

Der Verstand teilt, fixiert Einzelheiten und stellt sie gegenüber, die Weisheit vereint und vermählt Kontraste in einer einzigen Harmonie.

Meine Seele weiß, daß sie unsterblich ist. Aber ihr nehmt einen toten Körper auseinander und ruft triumphierend: Wo ist deine Seele, und wo ist deine Unsterblichkeit?

Sie bewiesen mir mit überzeugenden Gründen, daß Gott nicht existierte, und ich glaubte ihnen. Später sah ich Gott, denn Er kam und umarmte mich. Und was soll ich nun glauben, den Argumentationen anderer oder meiner eigenen Erfahrung?« (W. v. Rohr, Magisch Reisen Indien, Goldmann Verlag, München 1992, S. 207)

Man kann über diese Lehrer bzw. Meister sagen, daß sie alle Ende des vorigen und Anfang unseres Jahrhunderts die religiöse Welt Indiens in den Westen brachten. Dazu gehört insbesondere die Einsicht in die Gesetzmäßigkeiten von Karma und Reinkarnation sowie die Beschreibung von praktischen Methoden, sich aus der Verstrickung des Gemüts in der Relativität von Zeit, Raum und irdischen Formen zu lösen und eigene mystische Erfahrungen zu gewinnen.

Enomiya Lassalle

Im Rahmen eines langen Fernsehinterviews konnte ich mich mit diesem bedeutenden Lehrer in Ruhe über die Grundlagen seiner spirituellen Weltsicht unterhalten. Lassalle war Jesuit, der als Missionar in den zwanziger Jahren nach Japan ging und dort 1945 den Abwurf der Atombomben über Hiroshima und Nagasaki miterlebte. Im Verlauf seines Lebens machte er sich mit dem Zen-Buddhismus vertraut und galt später als einer der wenigen westlichen Meister dieser Form der Innenkehr.

Im Gespräch wies er mich daraufhin, daß Papst Paul VI. ihm in einer persönlichen Unterredung gesagt habe, daß er, der Papst, wisse, daß auch der Zen-Buddhismus ein Weg zur »Erlösung« und »Erleuchtung« darstelle. Der Austausch zwischen den Religionen, wie Lassalle ihn pflegte – mehr zwischen den Praktikern als den Dogmatikern, lieber unter Mystikern als Theologen –, steckt leider immer noch in den Kinderschuhen.

Osho/Bhagwan

Durch freizügige Sexualität und viele Luxuskarossen ist dieser frühere Philosophieprofessor bekannt geworden und fand, vor allem in der westlichen Welt, eine wachsende Schar von Anhängern. Mich hatte Osho nie so recht angezogen. Bei meinem Desinteresse spielte es keine so große Rolle, daß er zumindest anfangs in Poona für seine Vorträge Eintritt einsammeln ließ, daß er keiner Meistertradition zugerechnet werden wollte, oder daß er keine konkrete und überprüfbare Methode zur Selbstentwicklung lehrte.

Bedeutsamer schien und scheint mir, daß sein geistiger Ansatz psychologisch, nicht aber spirituell war. Osho vertrat, daß zunächst einmal alle oder doch zumindest die meisten Gemütsknoten gelöst werden müßten, bevor eine spirituelle Bewußtwerdung überhaupt möglich sei. Erst müßten die vielen Energieblockaden, alten Muster, gesellschaftlichen Traditionen und Tabus sowie familiären Prägungen beseitigt werden – mit psychosomatisch ziemlich tief eingreifenden Methoden –, bevor eine geistige Entfaltung möglich sei. Erst müßte der Mensch seine Triebe und Impulse ausleben, bevor er seine wahre spirituelle Natur erkennen könne.

Sowohl die spirituellen Lehren, die in der einschlägigen Literatur nachzulesen sind, als auch meine persönlichen Erfahrungen weisen auf das Gegenteil hin: Erst, wenn wir Verbindung mit einer höheren Kraft gewinnen, können wir im Morast des Gemüts wieder festen Boden unter die Füße bekommen. »Erlösung« kommt nicht von »unten«, sondern von »oben«. Das Dunkel von Emotionen und Denkfiguren kann nicht mit Gefühl und Verstand »bekämpft« und aufgelöst werden, sondern vielmehr kann nur ein Licht, das aus einer Ebene oberhalb von Körper, Gemüt und Intellekt kommt, für Klarheit sorgen. Wenn wir versuchten, alle Wünsche und Triebe erst einmal auszuleben, bevor wir uns der spirituellen Bewußtwerdung widmeten, dann würden wir noch in Millionen von Jahren im Kreis herumlaufen.

Der Ansatz der meisten Psychologen ist ähnlich: Die Aufgabe besteht darin, auf den Grund eines Sees zu blicken, auf den Grund der Seele. Nun rührt der Wind aber Wellen zu

Gischt auf, nun lagern am Boden des Sees Schlacken, Pflan-
zenreste und Unrat. Was hilft es hier, mit einem langen
Stecken darin herumzustochern? Wir sehen dann zwar diese
Algen oder jenen alten Stiefel, aber das wirbelt nur noch
mehr Schmutz auf und unsere Sicht zum Grund wird nur
noch unmöglicher. Was nutzt es, einzelne Dinge genau zu
betrachten und zu analysieren, dabei aber nie den Blick auf
das Ganze zu gewinnen? Besser wäre es, wenn das Stillwer-
den des Gemüts die Wellen an der
Oberfläche beruhigen würde, und
wenn der »Riesen-Unterwasser-
Staubsauger« des inneren Lichts
und Klangs die auf dem Boden des
Sees lagernden Schichten nach
und nach abtragen würde.

> Gefesselt von der Außen-
> welt, hast du eine Seite; er-
> regt in deinem Geist, hast
> du die andere Seite. Keines
> von beiden: das ist der mitt-
> lere Weg.   *Deisetz Suzuki*

Chris Griscom

Chris ist eine energiegeladene Frau, die als Bewußtseinspio-
nin und Mutter von sechs Kindern vielen Menschen wichtige Impulse für ihre geistige Bewußtwerdung geben konnte.
Chris ist eine wunderbare impulsive Lehrerin, keine spirituelle Meisterin oder Seelenführerin. Sie zeigt, wie wir auf einfache Weise Einblicke in wichtige Emotionalebenen gewinnen und Blockaden in unserem Energiefluß und unseren
Verhaltensweisen lösen können.

Ich habe nicht verstanden, warum sie ihre eigenen Lehrer –
von denen ich drei kennenlernen durfte – nie genannt hat.
Es hätte ihrem Ansehen und ihrer Wirkung sicher keinen
Abbruch getan.

Ihre starre Einteilung in »Opfer« und »Täter« als Grundmuster der menschlichen Erfahrungen konnte ich aufgrund eigener Erlebnisse nicht teilen; es gibt immer wieder auch den Typus des teilnehmenden Beobachters, der weder Opfer noch Täter ist.

Aber auf jeden Fall bleibt es Chris Griscoms bewunderswerter Verdienst, daß sie sehr vielen Menschen den Anstoß gegeben hat, ihr Leben eigenverantwortlich in die Hand zu nehmen. Wieviele Menschen können das schon von sich sagen?

> Wie kannst du Gott lieben, den du nicht siehst, wenn du nicht deinen Nächsten liebst, den du sehen und berühren kannst, mit dem du lebst? *Mutter Teresa*

Wenn Sie die Lebensgeschichten und Erfahrungen von Menschheitslehrern und Meister-Heiligen interessieren, möchte ich Ihnen ein wunderbares Buch ans Herz legen: K. O. Schmidt, Das Licht ist in dir, Drei-Eichen Verlag, 1993.

Eine Mahnung zur Wahrheit

Es gibt natürlich auch LehrerInnen, deren Wirken nicht einfach nur durch ihre eigene Entwicklungsstufe begrenzt ist, sondern die in ihrem Verhalten durchaus fragwürdig bis betrügerisch sind. Ich denke zum Beispiel an einen Inder, der sich erst zum Nachfolger eines berühmten und echten spirituellen Meisters hat ausrufen lassen, weil die, die ihn ausriefen, dachten, ihn für ihre Zwecke manipulieren zu können, und dann aus seiner vermeintlichen Nachfolge persönliche Vorteile zog (Geld, Sex und Macht – die unheilige Dreieinigkeit der Sehnsüchte unreifer Personen). Er schrieb mir als

Antwort auf kritische Fragen meinerseits in einem Brief dazu, daß
»die negative Kraft« leider sein
»höchstes Selbst« in Versuchung
geführt und zeitweise erfolgreich

> Vergeßt nie die drei besten
> Dinge: gute Gedanken, gute
> Worte, gute Taten.
>
> *Zoroaster*

»heruntergezogen« habe. Es handelte sich hier um einen
Lehrer, der vielleicht die Befähigung erworben hat, an der
Oberschule zu unterrichten, aber eben nicht an der Universität. Vielmehr wurde ein »falscher Professor« an einer »spirituellen Universität« installiert, der noch nicht einmal das
Volksschullehrerzeugnis hatte, aber über seine vermeintliche Funktion nun doch suchende Seelen irreführen konnte
(und, wie ich höre, es leider immer noch tut).

Eine seiner früheren Schülerinnen hat sich inzwischen selbst
als »höchste Meisterin« etabliert, die erworbene Meditationsmethode umbenannt, und »missioniert« von Taiwan
aus. Natürlich sagt sie nicht öffentlich, bei wem sie gelernt
hat. Allerdings ist das im Zeitalter des Internet und der weltweiten Datenübermittlung über den Computer leicht abrufbar und nachzulesen (»neural surfer«, David Lane).

Dazu erhebt sich die Frage: Wie kommt es, daß ein echter
Meister nicht »voraussieht«, daß er Schüler in seine spirituelle Meditationsmethode einweiht, die dann später aus ihrem kostenlos erlangten Wissen ein Geschäft machen? Warum läßt er es anscheinend zu, daß sie sein Vertrauen und die
durch ihn gewonnenen Einsichten in innere Welten und Informationen über esoterische Zusammenhänge des Lebens
mißbrauchen? Warum »verweigert« er nicht einfach die
Weitergabe an »unwürdige« Aspiranten?

Dafür habe ich keine einfachen und einleuchtenden Antworten parat. Ich glaube, daß einerseits die Liebe wahrer Meister zu den Menschen so groß ist, daß sie unsere Schwächen und Fehler »übersehen«, und daß sie uns andererseits die Chance geben, unseren freien Willen in der rechten Weise einzusetzen.

> Unterliegen im Kampf mit sich selbst ist Unwissenheit; Herrschaft über sich selbst ist Weisheit. *Plato*

Übrigens ist auch eine in unseren Landen verbreitete »New Age-Religion« so entstanden. Der Gründer erhielt in den fünfziger Jahren die Einweihung in innere Welten durch einen echten spirituellen Meister, verließ – als dieser sein erstes Buch in der vorgelegten Form nicht guthieß (der Lehrer wurde dort selbst vielfach erwähnt und zitiert) – seinen Lehrer und gründete unter einem neuen Namen seinen eigenen Zirkel. Aus diesem Treiben entstanden mehrere Ableger; einer seiner »Nachfolger« läßt sich jetzt für die Weitergabe der inzwischen verfremdeten und natürlich rein spirituell gesehen unwirksamen Meditationsmethode Monatsraten zahlen.

9 Aus Gesprächen mit geistigen Lehrern

An anderer Stelle habe ich kurz angedeutet, daß ich zahlreiche geistige LehrerInnen kennenlernen durfte, die unterschiedliche Lehren und Übungswege vertreten. In diesem Abschnitt möchte ich Ihnen einige wichtige Gedanken von solchen Lehrern weitergeben, die

> Wissen ist soviel von der Wahrheit, wie es einem Gemüt gelingt, davon zu begreifen. Weisheit ist, was das Auge der göttlichen Sichtweise im Geiste sieht.
> *Sri Aurobindo*

sie meist im Verlauf von persönlichen Gesprächen und Fernsehinterviews mit mir geäußert haben.

Der Dalai Lama

Der Dalai Lama ist bekanntlich das spirituelle Oberhaupt der tibetischen Buddhisten. Er ist für seine gewaltfreien Bemühungen um die Wiederherstellung der nationalen Souveränität Tibets und seine stetige Bemühung um friedlichen, offenen Austausch zwischen Menschen und Religionen mit dem Friedensnobelpreis ausgezeichnet worden. Ich bin ihm als Journalist bei mehreren Gelegenheiten im Westen und im Osten begegnet.

Der Dalai Lama zur Rolle der Religionen

»Lassen Sie uns über die Realität nachdenken. Es gibt heutzutage viele Probleme, viele Leiden. Und manche Probleme und Leiden gibt es in der Tat aufgrund unterschiedlicher religiöser Traditionen. Das ist sehr traurig. Nehmen wir an, daß der Sinn der religiösen Traditionen darin besteht, der Menschheit zu helfen – zu versuchen, Harmonie, Freundschaft und Frieden zu vertiefen –, wenn sich dann aber im Namen verschiedener religiöser Traditionen die Probleme vergrößern oder tragische Dinge passieren, so ist das wirklich sehr traurig.

Lassen Sie uns deshalb über den Wert der Religionen nachdenken. Falls Religion in der modernen Zeit zu nichts mehr nutze ist, dann meine ich, sollten wir den Mut haben, die Religionen aufzugeben ...

Wenn wir menschliche Gefühle positiv nutzen, sind sie sehr brauchbar – Zielstrebigkeit kann auf menschlichen Gefühlen aufbauen und sich entwickeln. Und doch können falsch eingesetzte menschliche Gefühle sehr gefährlich werden. Religionen haben sehr viel mit Gefühlen zu tun, deshalb haben die verschiedenen religiösen Führer in dieser Hinsicht eine besondere Verantwortung.«

Der Dalai Lama zu unserer persönlichen Verantwortung

»Wir sind Teil der Menschheit. Wenn wir in der Menschheit etwas positiv verändern möchten, muß jeder einzelne von uns seine eigene Verantwortung erkennen. Es ist, denke ich, falsch zu erwarten, daß es ohne eigene Beteiligung daran irgendwie schon eine Wende zum Besseren geben wird. Falls wir einen Wandel zum Guten wollen, müssen wir uns daran selbst beteiligen, müssen wir Verantwortung übernehmen und einen Sinn für unsere Pflichten entwickeln.

Bemühen Sie sich konstant um Veränderungen, auch im Kleinen. Wir können etwas verändern, wir können einen gewissen Beitrag leisten – machen Sie von jeder Seite aus einen Versuch. Dann gibt es wirklich die Möglichkeit für eine größere Veränderung. ... Deshalb muß jeder von uns Sinn für Verantwortung entwickeln, sich anstrengen – selbst, wenn es fehlschlägt. Eine Bemühung, die fehlschlägt ist viel besser, als nichts zu tun!«

Der Dalai Lama zum Leid in der Welt

»Natürlich ist es sehr schwierig, Dinge innerhalb kurzer Zeit zu ändern. Ich denke, wir sehen uns heutzutage vielen und großen Leiden gegenüber, etwas, was ich menschgemachte Probleme nenne. Das alles ist jenseits des gesunden Menschenverstands oder der Logik. Ich glaube, das ist so, weil die menschlichen Emotionen außer Kontrolle geraten, dann passieren diese Dinge. Unter den gegenwärtigen Umständen ist das sehr schwer zu kontrollieren.

> Woher wir auch kommen, sind wir dem Wesen nach doch alle gleich. Wir alle streben nach Glück und versuchen, Leiden zu vermeiden. *Der XIV. Dalai Lama*

Wir müssen aus den Ereignissen lernen, daß es sehr schwierig ist, etwas zu beherrschen, wenn es zu weit herangereift ist. Deshalb dürfen wir in der Zeit, wenn sich die Ursachen für Leid bilden, diese nicht vernachlässigen oder übersehen. Ich meine, wir als Menschheit haben die Verantwortung, in langen Zeiträumen zu denken. Das fängt bei der Erziehung und im Familienleben an und erstreckt sich auf die Umwelt. Wir alle und auch die Medien haben Verantwortung.

Von Geburt an besitzen alle Menschen die Fähigkeit zu menschlicher Zuneigung, zu menschlichem Mitgefühl – das ist der wichtigste Faktor, denn auf menschlicher Zuneigung beruht alle Hoffnung. ... Durch verschiedene Methoden müssen wir das Mitgefühl entwickeln und stärken, und dann gibt es Grund, damit zu rechnen oder darauf zu hoffen, daß es eine bessere Zukunft geben wird, eine harmonischere menschliche Gemeinschaft.«

Der Dalai Lama zum Sinn in der Welt

Ich fragte: »Meinen Sie, daß jedermann erfahren kann, daß es einen Sinn im Leben gibt, daß nicht nur Chaos herrscht oder der Zufall, sondern daß es einen inneren oder höheren spirituellen Sinn für jedermann gibt?« Der Dalai Lama antwortete:

»Das ist schwer zu sagen. Ich weiß nicht, ob es einen Sinn hinter dieser ganzen Kosmologie, hinter der Existenz gibt. Vom buddhistischen Standpunkt aus weiß ich das nicht. Es hat sich ereignet, so glauben wir, aufgrund unserer eigenen Karmas, aufgrund unserer eigenen früheren Handlungen.

Ob wir das nun mögen oder nicht, ist die Lage doch so, daß jeder von uns ein glückliches Leben führen möchte, und ich betrachte im allgemeinen Glück als den Sinn des individuellen Lebens. ... Wir können in großem Umfang etwas an unserer Welt verändern, wir können das innere Glück mehren, eine glücklichere Familie, eine glücklichere menschliche Gemeinschaft schaffen. ... Es gibt diese Möglichkeit, wenn wir menschliche Intelligenz verbinden mit unserer Entschlossenheit auf der Grundlage von menschlichem Mitgefühl und gegenseitiger Zuneigung. ... Wenn wir uns ständig bemühen, können wir etwas verändern, können wir die Welt transformieren.«

Pir Vilayat Khan

Pir Vilayat Khan, ein bedeutender Sufi-Meister, arbeitet seit vielen Jahren intensiv für die Verständigung unter den Religionen und Menschen sowie für die praktische spirituelle Entwicklung des einzelnen. 1984 stellten Maria Neocleous und ich ihn und seine Arbeit in einer ZDF-Filmdokumentation vor. In einer Ansprache sagte er:

> Es ist Sein, worauf es ankommt, nicht Ideen. Leben begrüßt Leben im Funkeln jeder Begegnung, die vom Wunder der Liebe gesegnet wird. *Pir Vilayat Khan*

»Mögen wir Dich, o Gott, in allen Deinen heiligen Namen und Formen erkennen: als Rama, als Krishna, Shiva, als Buddha; laß uns Dich erkennen als Abraham, als Salomon, als Zarathustra, als Guru Nanak, als Christus, als Mohammed, und in vielen anderen Namen und Formen, die der Welt bekannt oder unbekannt sind. ...

Ich meine, die Einheit der Religionen ist die letzte Chance zum Überleben des Planeten. Und jeder von uns ist dafür verantwortlich, in seiner eigenen Religion das Element zu finden, das uns verbindet, anstatt uns zu trennen. Wir sollten nicht erlauben, daß unsere Religionen uns trennen; wir sollten nicht erlauben, daß religiöse Führer uns voneinander trennen.

Finden Sie das Wesentliche Ihrer Religion in Ihrem direkten Kontakt mit Gott, dann werden Sie Frieden finden. Und wenn Sie sich nach innen wenden, ist Ihre spirituelle Erfahrung der wichtigste Teil Ihrer Religion. Sie ist der Duft, verbreiten Sie diesen Duft an alle um Sie herum – Sie werden so viel Sympathie erfahren. ...

Falls Sie in der Lage sind, von einem inneren Ort des Friedens aus zu sprechen, erhalten Sie soviel Resonanz, und die Menschen um Sie herum werden sagen: ›Ja, das ist natürlich genau das, was wir wollen‹.

... Sie selbst müssen es tun, Sie können sich nicht auf andere verlassen – in Organisationen, in der Institutionalisierung von Religion ... dort ist es nicht, es ist in Ihnen selbst, in Ihrem Bewußtsein ... Wenn Sie Ihr eigenes Erbe des göttlichen Wesens in sich erkennen, dann finden Sie Frieden in sich selbst und erfahren Liebe für alle Wesen. Gott segne Sie.«

Pir Vilayat Khan zur Frage nach Lebenssinn und freiem Willen

Ich fragte ihn: »Viele Menschen, die sich nicht mit Religion beschäftigen, fragen sich, ob ihr Leben zufällig ist, oder ob es vom Chaos bestimmt wird, oder ob es vielleicht einen Sinn gibt, ob Leben vorherbestimmt wird, ob es einen freien Willen gibt?« Er sagte:

»Das ist genau die Crux der Frage, mit der ich mich auseinandersetze. Bei Begegnungen zwischen Physikern, Wissenschaftlern und kontemplativen Menschen diskutieren wir genau das: Inwieweit gibt es eine Art ›Programmierung‹, inwieweit greift der freie Wille in diese Programmierung ein, und inwieweit muß die ›göttliche Software‹ darauf eingestellt sein, was mit Menschen geschieht, wenn diese ihren freien Willen nutzen ... Gibt es eine Art »Feedback« ins

Programm zurück, Arten von Zufälligkeit oder Wahrscheinlichkeit? Das alles ist ein Thema, auf das ich die Antwort nicht habe, das bleibt eine Frage.«

Pir Vilayat Khan zur Bedeutung eigener spiritueller Erfahrung

»Ich denke, daß das Herz jeder Religion echte Erfahrung ist. Das Äußere sind Dogmen, Zeremonien, Institutionalisierung – aber jeder einzelne muß sich selbst nach innen wenden und etwas entdecken; das ist in der Theologie sehr umstritten. Das ist auch im Islam kontrovers, neben der Tatsache, daß Jesus der Sohn Gottes sei, was den Islam vom Christentum trennt. Wenn man aber tiefer geht, so hat sogar Jesus Christus gesagt: ›Seid vollkommen, wie Euer Vater im Himmel vollkommen ist‹, und wir deuten das so, daß wir alle das göttliche Erbe in uns tragen.

Wie mein Vater sagte, ›Wenn Du nicht die Qualitäten des Vaters in Deinem Wesen selbst wahrnimmst, kannst Du nicht davon überzeugt sein, sein Sohn zu sein.‹ Das wäre, als ob Christus seines göttlichen Erbes nicht gewahr gewesen wäre und es nicht bewußt übernommen hätte. Es geht also darum, sein Erbe anzutreten. ... Wenn wir uns nun nach innen wenden, müssen wir nichts beanspruchen, sondern wir entdecken das göttliche Erbe, göttliche Qualitäten. ... Gleichzeitig gibt es eine sehr paradoxe Aussage von Ibn Arabi: ›Erkenne, worin du Gott bist und erkenne, worin du nicht Gott bist‹!

Es gibt graduelle Entwicklungsstufen – auf der menschlichphysischen Ebene sind wir natürlich nicht wie Gott. Aber wenn Sie die Pyramide immer weiter hinaufgehen bis zur Spitze, dann – man traut es sich kaum auszusprechen, denn wenn man das tut, wird man gekreuzigt. Analhad wurde dafür gekreuzigt, daß er sagte ›Ich bin die Gottheit‹. Wir hören das vielfach im Hinduismus, im Islam ist das jedoch absolut verboten. Aber das ist Theologie; eigene Erfahrungen sind jedoch sehr viel wichtiger als das, was andere denken.

Wenn man die göttliche Gegenwart im eigenen Wesen entdeckt, wird man sie auch in anderen Menschen finden, und dann kann man keinen anderen erschießen, das ist gar nicht möglich.«

Padre Maximilian Mizzi, OFM

> Laß mich Frieden stiften, wo Frieden gebraucht wird. Laß mich Liebe ausstrahlen, wo Liebe gebraucht wird. Herr, dein Wille geschehe, nicht meiner.
>
> *Franziskus von Assisi*

Der Franziskaner-Padre Maximilian Mizzi aus Assisi ist der Generaldelegat des Franziskaner-Ordens für den ökumenischen und den interreligiösen Dialog. Er beeindruckt durch seine besondere Demut und Güte und das liebevolle Verständnis für die Religionsformen anderer Glaubensgemeinschaften. Mit hohem persönlichen Einsatz bringt er unzähligen Menschen immer wieder die Kraft des Gebetes nahe und lädt sie dazu ein, sich auf die Verwirklichung eines wahrhaft menschenwürdigen Lebens einzulassen.

Padre Mizzi zum Dialog zwischen den Religionen

Meine Frage: »Was ist die beste Art und Weise, um die Gegensätze der Religionen zu überbrücken?«

»Der erste Schritt besteht darin, daß man sich begegnet. Wenn wir uns treffen, lernen wir uns besser kennen. Dann folgt der Dialog: Wenn wir miteinander sprechen, können wir entdecken, wieviel wir wirklich gemeinsam haben. Ich meine, wir haben sehr viel mehr Gemeinsames als Trennendes. Das habe ich in meiner Beziehung zu anderen Religionen entdeckt. Der dritte Punkt ist der wichtigste: Ich glaube an das Gebet, und ich meine, wir sollten zusammenkommen, um gemeinsam zu beten. Ich erinnere mich an das Treffen in Assisi 1986, als der Papst alle Religionen der Welt einlud, Pir Vilayat war auch dabei, um gemeinsam zu beten.

Wir können und müssen selbstverständlich den Dialog über den Frieden führen, aber falls der Frieden nicht von Gott kommt, werden wir keinen Frieden haben können. Deshalb müssen wir zusammenkommen, um gemeinsam darum zu beten. Diese drei Dinge führen uns meiner Meinung nach zusammen.«

Beim großen internationalen Friedensmarsch in Delhi im September 1996, anläßlich der 16. »Human Unity-Conference«, dem Treffen zur Einheit der Menschen, sprach ich erneut mit Padre Mizzi. Dabei beschrieb er unter anderem eine Vision, die er habe und sagte sinngemäß: Bisher sind die Hochreligionen der Welt wie große Ströme gewesen, die parallel, also nebeneinander

> Um das Herz und den Geist eines Menschen zu verstehen, schaue nicht darauf, was er schon erreicht hat, sondern blicke auf das, was er anstrebt.
>
> *Khalil Gibran*

fließen. Nun aber sehe ich die ungeheure Chance, daß diese Ströme um die oder nach der Jahrtausendwende zusammenfließen würden, um so eine neue Zeit der Spiritualität einzuleiten. Das von einem Vertreter der römisch-katholischen Kirche zu hören, scheint mir ein sehr gutes Zeichen für eine neue Ära der Toleranz und Verständigung zu sein.

10 Weisheit der Religionen

Judentum, Christentum, Islam

Die drei großen monotheistischen Religionen, das Judentum, das Christentum und der Islam – die alle aus einer Wurzel stammen! – haben in ihren Kirchen der Anleitung durch Mystiker, Heilige und Meister desto weniger Raum ge-

> Mehre in mir den Glauben,
> Mehre die Hoffnung,
> Mehre die Liebe.
> Wenn ich nichts anderes
>   als dich ersehne,
> So laß mich, Vater,
> Dich auch finden.
>
> *Augustinus*

geben, je größer sie wurden, je dogmatischer sie ihre Lehren ausbauten und je mächtiger sie in weltlicher Hinsicht wurden. Das mag bedauerlich sein, entspricht aber einer ganz »natürlichen« Entwicklung. Wo Menschen sind und sich in Gruppen zusammenfinden, versuchen sie ihre Gruppenzugehörigkeit zu festigen, ihren Einfluß nach außen zu mehren und Regeln aufzustellen, nach denen sich die Mitglieder verhalten sollen.

In der katholischen Kirche kennt man immerhin noch die Bedeutung einer »Himmelsleiter« und von »Fürbitten«. Aber daß die »Nachfolge Christi«, von der zum Beispiel ein Thomas von Kempen ausdrücklich sprach, auch wörtlich und persönlich gemeint ist, mag kaum noch jemand in den christlichen Kirchen öffentlich aussprechen.

Immerhin waren doch auch die Apostel »Nachfolger« Jesu Christi, und ohne ihre direkte Vermittlung des Heiligen Geistes blieb doch die Wassertaufe rein symbolisch. Ohne einen lebenden Apostel, ohne sein ausdrückliches »Sünden-Vergeben« war doch keine Erlösung möglich!

Was ist passiert? Meiner Ansicht nach etwas, was sehr leicht nachzuvollziehen ist: Je wichtiger ein lebender Lehrer wird, desto unwichtiger wird die Organisation, die Institution. Je mehr es auf den lebendigen Impuls ankommt, desto weniger zählen Lehrsätze. Das ist der wesentliche Grund, warum in all diesen drei großen Religionen die Mystiker an den Rand gedrängt oder ausgegrenzt und manchmal sogar als Häretiker verfolgt wurden. Denken wir nur an die Templer, Katharer und Albigenser.

Die »Weisheit« aller drei Religionsgemeinschaften lautet, zwar vereinfacht, aber dennoch zutreffend:
- Laß dich taufen bzw. tritt unserer Gemeinschaft bei.
- Nimm die Lehrsätze der Gemeinschaft als wahr an und sage, daß du an sie glaubst.
- Nimm an den Gebets- und Gottesdiensten in einem durchschnittlichen Maße teil, zumindest äußerlich.
- Folge den Ritualen und Richtlinien bei wichtigen Familienereignissen wie Ehe, Geburt und Tod.
- Folge den ethischen Geboten der Gemeinschaft mindestens insoweit, daß du dich nicht vom Lebenswandel des Durchschnitts deutlich unterscheidest.
- Spende im jeweils üblichen Maße Geld.
- Widersprich den Geistlichen nicht, zumindest nicht öffentlich und/oder so sehr, daß du zu einem Störfaktor wirst.

Chassidische Rabbis, christliche Mystiker und islamische Sufi-Meister folgten anderen Idealen. Sie, die die Botschaft ihrer Religion verinnerlichten, wußten, daß es nicht in erster Linie um das äußere Leben, sondern um das innere ging und geht.

Ihre Lehren waren und sind »esoterisch« in dem Sinne, daß sie in der Regel nicht offen dargelegt werden, um Mißdeutungen und Pressionen keine allzu großen Angriffsflächen zu bieten.

Ihr Ziel ist die Selbsterkenntnis und die Gotterfahrung. Ihre Sehnsucht ist die wahre Re-ligio, die Rückverbindung, zwischen Seele und Gott, Einzelbewußtsein und Schöpferkraft. Auch sie legten und legen Wert auf die Bildung der Persönlichkeit, die Verwirklichung von moralischen Werten im Alltag. Aber das war und ist für sie kein Selbstzweck, sondern lediglich eine notwendige Vorbereitung zum Aufbruch ins Ungewisse, zur Reise in die Innenwelten.

Im christlichen Bereich wissen wir wenig von Meistern, mehr von Heiligen. Immerhin waren Seuse und Tauler Schüler von Meister Eckehart, und sowohl Hildegard von Bingen als auch Teresa von Avila, Bernhard von Clairvaux und Franziskus von Assisi hatten »Schüler«. In den Klöstern war ein Lehrer-Schüler-Verhältnis ausgeprägter; im weltlichen Alltag traten die Kirchenvertreter weniger als Lehrer, sondern eher als Richter auf.

Im Judentum hat es immer Meister gegeben. Der Baal Schem Tow hat das mystische Judentum vor nun rund dreihundert Jahren wiederbelebt. Da gab und gibt es Zaddiks und Chassidim, Meister und Schüler. Und auch im Islam wissen wir von Sufi-Meistern und ihren Schülern.

Wenig bekannt ist, daß die wahren spirituellen Meister im mystischen Judentum und im mystischen Islam eine genauso starke Bedeutung hatten und haben wie auf den fernöstlichen spirituellen Wegen. Im Islam spricht man vom Fana-fil-Sheikh, dem »Aufgehen im Meister«, bevor das Fana-fil-Allah, das »Aufgehen in Gott« erfolgen kann. Die Beziehung zwischen Mevlana Rumi und seinem Lehrer Shamas aus Täbris ist dafür das bei uns vielleicht bekannteste Beispiel einer innigen Meister-Schüler-Beziehung, die bisweilen sogar blasphemische Züge anzunehmen scheint. Dann nämlich, wenn dem Schüler der Meister wichtiger wird als Gott.

> Gott geht in die Liebe ein, die wir füreinander haben. Er bleibt dort und wird nicht in ein sogenanntes Gotteshaus umziehen, sei es Tempel oder Kirche.
>
> *Shamas aus Täbris*

Ist das eigentlich so verwunderlich? Wenn Mutter Teresas Wort von der Liebe gilt, die man dem Nächsten zeigen soll, den man sieht, wenn man diese Liebe gegenüber Gott zu besitzen behauptet, den man doch nicht sieht, dann wird klar: Die erleuchtete Seele, die jetzt und hier im Körper lebt, ist mir »näher«, als der unsichtbare Gott. Ein anderes Beispiel: Wäre Christen Jesus Christus, wenn wir in seiner Zeit gelebt hätten, nicht zunächst »wichtiger« als Gott? Denn erst über den lebenden Pol der Gotteskraft und Christuskraft, erst über Jesus von Nazareth, wurde diese Gotteskraft offenbart!

Das ist sicher ein sehr weites Feld. Aber zumindest sollen in einem Buch wie diesem manche Grundfragen wenigstens berührt werden. Gibt es nun einen gemeinsamen Nenner, bezogen auf die Lehrer aus Judentum, Christentum und Islam? Ich glaube ja, und zwar diesen:

- Es gibt nur eine Schöpferkraft, möge man sie Jahve, Gott oder Allah nennen.
- Sie ist allmächtig, allgegenwärtig, allwissend.
- Der Sinn des menschlichen Lebens besteht zuerst darin, die bewußte (Rück-)Verbindung zu dieser Kraft zu erlangen.
- Das erfolgt innerlich am besten durch stilles konzentriertes Beten und meditative Versenkung.
- Das erfolgt äußerlich am besten durch ein Leben der aktiven Nächstenliebe.
- Alles andere ist »Zutat«.

Weisheit aus China, Japan und Indien

Im Fernen Osten haben die dort verbreiteten Religionen dem Vorbild und der Anleitung durch lebende LehrerInnen traditionell großen Raum gegeben oder solche Meister sogar in den Mittelpunkt der wahren Religion gestellt. Wir kennen die Institution des »Meisters« im Hinduismus, im Buddhismus, in der ursprünglichen Sikhreligion, in der es eben zehn lebende Gurus gab, und auch im Taoismus.

Neben einer farbigen Vielzahl und einer bald unüberschaubaren Fülle von Formen, in denen die Schöpferkraft verehrt wurde, gibt es auch dort einige zentrale Aussagen, die diesen Religionen und vor allem ihren »Meistern« gemeinsam sind. Ich würde sie so zusammenfassen:

Das menschliche Leben ist nicht »zufällig«, sondern hat Ursachen. Diese Ursachen wurden vor der Geburt gebildet, und zwar in früheren Leben in anderen Inkarnationen.

Es liegt an mir, nicht an »Gott«, daß ich in die Fallstricke der Materie verwickelt bin.

Nur die Gnade einer erleuchteten Seele, die selbst von diesen Banden befreit ist, kann mir helfen, mich daraus zu befreien.

Der Sinn des menschlichen Lebens besteht zuerst darin, einen kompetenten Meister zu finden, der die bewußte (Rück-)Verbindung zur höchsten Schöpferkraft geben kann; danach gilt es, den spirituellen Anweisungen dieser erleuchteten Seele zu folgen.

Dann werden nach und nach die Schleier der Illusion fallen, die uns bislang den Blick auf die Wahrheit verstellt haben.

Dann werden wir zur unmittelbaren Erkenntnis gelangen, daß das Selbst vom selben Wesen ist wie die allmächtige, allgegenwärtige und allwissende Schöpferkraft, welche die letzte Wirklichkeit ist.

Äußerlich sollen wir ein Leben der aktiven Nächstenliebe führen. Alles andere ist »Zutat«.

11 Empfehlungen zu Lehrern und Meditationsmeistern von heute

Mit dieser Übersicht begebe ich mich natürlich auch auf »Glatteis«. Aber wenn wir schon über lebende LehrerInnen sprechen, so scheint es mir für die Alltagspraxis doch sinnvoll zu sein, Ihnen konkrete Hinweise auf Menschen zu geben, die mir persönlich bekannt sind und die ich für kompetente LehrerInnen halte.

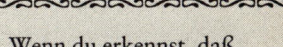

> Wenn du erkennst, daß sich alle Dinge wandeln, gibt es nichts mehr, das du festhalten willst.
>
> *Lao-tse*

LehrerInnen

- Alta Major: *Divo Köppen-Weber*, München
- Aromatherapie: *Erich Keller*, Schöngeising bei München
- Astrologie: *Claude Weiss*, Zürich; *Monica Kissling*, Zürich; *W. v. Rohr*, Santa Fé
- Aura Soma, Kahuna-Medizin: *HP Suzan H. Wiegel*, Nürnberg
- Ausgleich der Gehirnhälften: Krankengymnastin *Gabriele Baudisch*, Steinburg, Schleswig-Holstein
- Chirologie (Handlesekunde): *Christiane Eisler-Metz*, Frankfurt; *Rita Issberner-Haldane*, Bad Nauheim
- Christliche Lebensbotschaft: *Padre Maximilian Mizzi*, Assisi; *Pater Willi Massa*, Neumühle, Saarland
- Feng Shui, Akupressur: *HP Robert Hofmann*, Baldham bei München

- Cranio Sacral-Therapie: *Dr. Anthony Arnold*, Santa Fé
- Homöopathie, Bachblüten, Farbtherapie: *HP Ingrid Kraaz*, Grünwald bei München
- I Ging: *Claus Claussen*, Todtmoos-Rütte
- Jenseitsforschung, »Paranormologie«: *Prof. Pater Andreas, Resch*, Innsbruck
- Körpersprache: *Christiane Eisler-Mertz*, Frankfurt
- Klassisches Yoga: *Shivananda-Yogazentren*
- Westliches Yoga: *Berufsverband Deutscher Yogalehrer e. V.*
- Musiktherapie: Sandelan *HP Joseph Tenspolde*, Vallendar bei Koblenz
- Naturheilkunde, Energiearbeit, Gesprächstherapie, Traditionelle Chinesische Medizin: *HP Beate Sprissler*, Radolfzell
- Positiv Denken: *Gudrun Freitag*, München
- Psychosomatische Naturheilkunde: *HP Iris Bleeck*, Rösberg/Bonn
- Vegetarische Ernährung: *Helga Kammerl*, Berg/Obb.; *Brigitta Klingel*, Mannheim
- Reiki: *Beate Blaszok*, Allgäu
- »Rückführungen«: *Dr. Jan-Erik Sigdell*, Dutovlje, Slowenien
- Tarot: *Gayan S. Winter*, Santa Fé; *Gerd Ziegler*, Freiburg; *W. v. Rohr*, Santa Fé
- Schmerztherapie: *Dr. med. Heinrich Klaus*, München; *Dr. med. James Gruft*, Lisle, Illinois, USA
- Shamanismus: *Martin Prechtel*, Santa Fé; *Dr. Jeannette Gagan*, Santa Fé; *Felicitas Goodman*, Cuyamungue Institute

- Verbindung von Psychologie und Spiritualität, spirituelle Beziehungen: *Dr. Paula Bromberg*, Santa Fé
- Zuhören lernen, Herzenskommunikation, Selbstwert für junge Frauen: Mag. Ursula Maria Hebenstreit, D-Bergen und A-Kritzendorf.

Sprituelle Meditationsmeister
Sant Kirpal Singh

Sant Kirpal Singh war der spirituelle Nachfolger seines Meisters Hazur Baba Sawan Singh. Er gründete mit anderen Persönlichkeiten aus den Weltreligionen die

> Entwickle die Kraft, deine Aufmerksamkeit vom Körper zurückzuziehen, und konzentriere sie am dritten Auge.
>
> *Hazur Baba Sawan Singh*

»Weltgemeinschaft der Religionen«, fungierte viele Jahre als ihr Präsident und hielt die ersten interreligiösen Begegnungen ab. Dann erweiterte er diese Art von Forum zu einer internationalen Begegnung zur Einheit der Menschen.

Von Sant Kirpal Singh gibt es zahlreiche Bücher, die auch auf deutsch vorliegen, zum Beispiel »Das Mysterium des Todes« und »Karma – Das Rad des Lebens. Über das Gesetz von Ursache und Wirkung« (siehe Literaturhinweise).

In seinem Buch »Godman – Finding A Spiritual Master« (Gott-Mensch; siehe Literaturhinweis) schreibt Kirpal Singh im 15. Kapitel unter dem Titel »Der Meister und sein Werk« u. a.:

»Ein (echter) Meister ist wie ein Wunsch-Baum. Er erfüllt immer alle Wünsche der Sucher, gleich, was sie sind. Der Reiche und der Arme, der Hohe und der Niedrige – jedermann kommt mit irgendeinem Wunsch zu ihm. Seine größte Freude besteht jedoch darin, Seelen aus der Umklammerung von Körper und Gemüt zu befreien.«

Ein merkwürdig anmutender Satz, der vielleicht einer kurzen Erläuterung bedarf: Wir wollen meist Heilung oder Wunder, Kindersegen oder Partnerliebe, Geld oder Ansehen. Nur selten suchen wir wirklich nach Gott. Ein wahrer Meister schaut aber nicht auf das unter Umständen recht selbstsüchtige Motiv, mit dem wir zu ihm kommen. Er ist vielmehr wie ein Baum, der reife Früchte trägt, die allen Menschen munden, oder wie die Sonne, die sprichwörtlich sowohl die Guten wie die Bösen mit Licht und Wärme beschenkt.

Ein wahrer Meister kann auch eine Seele wandeln und für die Gotteskraft empfänglich machen, die ganz in der Welt verstrickt ist – darin liegt seine womöglich größte Kraft. Nun weiter im Zitat:

»Ungeachtet seiner eigenen äußeren Religionszugehörigkeit, kümmert er sich um die spirituellen Bedürfnisse von allen. Weder schafft er neue ›Ismen‹, noch kritisiert er bereits bestehende ›Ismen‹. Er kommt nicht, um das Gesetz zu brechen, sondern um es zu erfüllen. …

Er spricht einfach vom menschlichen und göttlichen Geist, von seinem inneren Wesen, vom Sitz der Seele im Körper und den Etappen ihrer Entwicklung, von den latenten Möglichkeiten der Seele, und wie sie in Beziehung zum Körper, zum Gemüt und zu Gott entfaltet werden kann, und wie sie befreit oder »erlöst« werden und in sich selbst ruhen und gottwärts gerichtet werden kann. ...

Nur, um selbst das Experiment der spirituellen Meditation durchzuführen, müssen wir am Anfang die Worte eines Meisters akzeptieren. Wenn wir dann aber die Wahrheit dessen, was er sagt, selbst herausfinden, durch unser Meditationsexperiment, dann wird aus der Hypothese eine Überzeugung.

Wenn ein Mensch das Licht der Sonne auch nur einmal sieht, kann er die Existenz der Sonne nicht bestreiten, obwohl sich alle Fledermäuse der Welt darin vereinen mögen, das Phänomen der Sonne zu leugnen. Solange die innere Schau nicht eröffnet wird, dämmert die Wahrheit der Wirklichkeit nicht herauf, und die verkörperten Seelen wandern weiter ziellos in äußerster Dunkelheit und im Unwissen über die höchste und größte Herrlichkeit umher.

Wann immer ein Meister der Wahrheit in die Welt kommt, versammeln sich die spirituell Hungrigen und Durstigen um ihn und stillen ihren Hunger und Durst mit dem Manna und dem Elixier des Lebens, das er den Aspiranten frei spendet.«

Sant Darshan Singh

Dieser wunderbare Dichter, erhabene Mystiker und gütige Meditationsmeister war so von Liebe durchdrungen, daß er selbst, als Scharlatane und Betrüger den Namen seines Meisters für ihre eigennützigen und unspirituellen Zwecke mißbrauchten und ihn (Darshan) sogar physisch bedrohten, diesen Menschen in Freundschaft begegnete. Seinen Anhängern und Schülern verbot er ausdrücklich, irgend etwas gegen die noch so offenkundigste Schandtat fehlgeleiteter Gemüter zu unternehmen, auch wenn er (Darshan) tätlich angegriffen würde.

»Es ist alles in den Händen meiner großen Meister«, pflegte er zu sagen. »Sie sind alles, ich bin nichts, einen größeren Schutz und eine bessere Führung als durch meine beiden göttlichen Meister kann keine weltliche Kraft bieten.«

Über einen Schüler Sant Kirpal Singhs, T. S., der sich als Nachfolger Kirpals aufspielte und viele Menschen spirituell in die Irre führte und sie psychisch und finanziell schädigte, sagte Sant Darshan Singh nur, »Er ist mein Bruder und ich liebe ihn.« Er wußte sich so sehr eins mit der großen göttlichen Kraft und so sehr unter der Führung ihrer leitenden Hand, wie es nur Mystiker tun können, die ihr persönliches, kleines Ich wirklich Gott übergeben haben. »Dein Wille geschehe, wie im Himmel so auf Erden.«

In seinem Buch »Liebe auf Schritt und Tritt – Die Wunder der inneren Welten« (siehe Literaturhinweise), hat er in einem anschaulichen Bild erklärt, wie wir uns spirituell entwickeln können, indem er die geistige Entwicklung durch Meditation mit der Raumfahrt vergleicht. Aus dem 3. Kapitel (S. 29f. der englischen Ausgabe) stammt folgendes Zitat: »Um in den inneren Kosmos zu reisen, müssen wir lernen, uns über das Körperbewußtsein zu erheben. Unser menschlicher Körper ist die Startrampe; Naam oder Shabd oder das Wort (das schattenlose innere Licht und die innere ewige Musik) ist das Raumschiff; der Satguru oder Meister ist der Pilot und das Steuersystem; und Liebe ist der besondere Antriebsstoff, den wir für diese innere Reise brauchen. Wenn diese vier wesentlichen Faktoren vorhanden sind, gibt es keinerlei Grund, warum nicht auch wir, in dieser unserer eigenen Lebensspanne, zu unserer Quelle, dem Schöpfer, zurückkehren könnten. Dies ist die zeitlose Botschaft der Mystiker.«

Sant Rajinder Singh

Rajinder Singh ist der noch heute lebende Meister des inneren Lichts und Tons. Er wurde von Sant Kirpal Singh initiiert und ist der Nachfolger von Sant Darshan Singh, dessen Werk er seit Juni 1989 weiterführt. Er hatte zunächst in Indien Ingenieurwesen studiert und dann in den USA Computerwissenschaften. Lange Zeit arbeitete er an einem großen Forschungsinstitut in der Nähe von Chicago im Bereich der Kommunikationstechnik, in dem er sich auch der Spracherkennung durch Computer widmete und mit seinem Team mehrere Patente erwarb. Da sich Sant Rajinder Singh heute rein ehrenamtlich der spirituellen Leitung von bald eintausend Meditationszentren weltweit sowie dem Aufbau von Schulen, dem interreligiösen Dialog und der Fortführung der internationalen Konferenzen zur Einheit der Menschen widmet, hat er seine Anstellung aufgegeben. Den Lebensunterhalt für seine Frau, seine beiden Kinder und sich selbst verdient er durch die Arbeit in einer Textilimportfirma, die er zusammen mit seinem Bruder führt.

Sant Rajinder Singh stellt die spirituellen Lehren über die Göttlichkeit der Seele und die seltene Chance des menschlichen Lebens, als Seele zu Gott zurückzufinden, in den Mittelpunkt seiner Arbeit. Er gibt die kostenlose Verbindung der Seele mit der Gotteskraft im Inneren, und bezeichnet diese Gabe als ein Geschenk, das nicht von ihm komme, sondern eine Gabe seiner Meister sei.

Er fordert uns auf, ein ethisches Leben zu führen, selbstlosen Dienst zu leisten und wirklich genügend Zeit für die spirituelle Meditation einzusetzen. Darüber hinaus erinnert Sant Rajinder Singh uns immer wieder daran, daß wir allen Grund haben, dankbar zu sein:

»Wir erhalten neunundneunzig Geschenke von Gott, aber suchen nach dem hundertsten. Wir haben tausend Geschenke von Gott, doch wir konzentrieren uns immer auf das, was wir nicht haben. Es ist an der Zeit, dankbar zu sein. Laßt uns doch Gott für alles, was Er uns gegeben hat, danken. Richten wir unsere Aufmerksamkeit auf das Positive und Gute in unserem Leben.«

Ich bin davon überzeugt, daß es sich für jeden Menschen lohnt, diesen Lehrer einmal kennenzulernen, seine Botschaft der Liebe und des Lichts zu hören und mit ihm zusammen zu meditieren. Nach meiner Kenntnis ist er der heute noch lebende Lehrer, der am weitesten führen kann und dabei am vorbildlichsten lebt und am demütigsten ist.

> Macht den besten Gebrauch von eurer Zeit, denn die Zeit rinnt dahin. Ich flehe euch an zu meditieren. Tut etwas, jetzt ...
>
> *Sant Kirpal Singh*

Schlußbemerkungen

Leben mit dem Paradox

Die meisten Leser werden inzwischen bemerkt haben, daß ich eine ambivalente Haltung zu Meistern habe. Einerseits verehre ich alle

> Die einzige Möglichkeit,
> einen Freund zu haben, ist,
> selber einer zu werden.
> *Ralph Waldo Emerson*

Heiligen und MeisterInnen der Vergangenheit und Gegenwart, weil sie Hoffnung geben, daß das Leben Sinn und Erfüllung bieten kann, daß es Gott gibt, daß es Erlösung geben kann.

Sie alle sind sie mir große Vorbilder, wie wunderbar funkelnde Lichter, die in der Nacht der Seelenwanderung durch dieses eigenartige Leben wie Leitsterne den rechten Weg anzeigen. Wer von uns wäre nicht gern einem Lao-tse oder Konfuzius begegnet, einem Buddha oder Jesus, einem Mevlana Rumi oder einer Hildegard von Bingen? Hätten wir sie damals wohl als »Meister« erkannt?

Dem weitaus größten Teil der Menschen damals war das bekanntlich nicht gegeben. Wären wir zu denen zu zählen gewesen, deren Herz berührt, deren Augen geöffnet worden wären?

Andererseits scheinen Heilige unendlich weit entfernt. Denn wenn ein Meister wie Sant Kirpal Singh sagt, »Was ein Mensch erreicht, kann jeder andere auch«, so scheint mir das nur ein Teil der Wahrheit zu sein. Denn wer hat schon ein so großes Herz, eine derart konsequente Gemütsbeherrschung und eine so tiefe Sehnsucht nach Gott, um wirklich den Weg zum »Heil« vorwärtszuschreiten ohne zu straucheln.

Und ein zweites »Andererseits«: Es gibt so viele Meister und Gurus, so viele bemerkenswerte, charismatische und »überzeugende« LehrerInnen – und darunter doch so viele Scharlatane, Aufschneider, eingebildete Möchtegern-Meister und sogar Betrüger, die nicht ohne weiteres und auf Anhieb als solche zu erkennen sind, daß eine erhebliche Skepsis angebracht ist.

Eine dritte Überlegung, die auch als eine »faire Warnung« gemeint ist: Wenn wir einen/eine Meister/in gefunden haben, von dem/der wir überzeugt sind, daß er/sie uns wirklich geistig führen kann, fangen manche Probleme überhaupt erst an. Wir haben uns vergewissert, daß es nicht um Geld oder Sex, um Macht oder Ruhm geht, sondern um Spiritualität, um Entwicklung des Seelenbewußtseins, um Selbsterkenntnis.

Nun sind die Meister jedoch nach meiner eigenen Erfahrung so »anders«, daß es laufend zu Situationen kommt, in denen unser Ego auf die Probe gestellt wird und wir bereit sind, etwas anzunehmen oder zu tun, was völlig absurd erscheint, was vom normalen menschlichen Standpunkt aus, vom »gesunden Menschenverstand« her betrachtet, sinnlos, unnütz, überflüssig oder merkwürdig ist? Dabei geht es noch nicht einmal um den äußeren Meister, sondern um die innere

Kraft. Wer sich einmal auf den Weg einer radikalen Suche nach Wahrheit begibt, wer sich dafür öffnet, etwas zu entdecken, was jenseits der begrenzten Formenwelt liegt, muß darauf gefaßt sein, daß sein Leben »auf den Kopf gestellt« wird.

Plötzlich müssen wir uns entscheiden, ob wir es ernst meinen mit Aufrichtigkeit und Wahrhaftigkeit, mit Nächstenliebe und Loslassen von der Materie. Und obwohl wir uns darum vielleicht bemühen, scheinen gerade unsere Bemühungen das Gegenteil von Glück und Erfüllung mit sich zu bringen, nämlich Unbill, Verlust, Unverständnis und dergleichen mehr. Anders gesagt: wir wollen »gute Menschen« werden und die geistige Dimension des ewigen Bewußtseins entdecken, werden zugleich aber mit allen möglichen Hindernissen und Beschwernissen konfrontiert. Da ich selbst erst auf dem Weg und noch nicht »angekommen« bin, kann ich Ihnen nicht sagen, wie man das »macht«, trotzdem durchzuhalten.

Was ich hier schreibe, läßt Sie unter Umständen daran zweifeln, ob der spirituelle Weg unter der Führung eines Meisters etwas für Sie ist. Umso besser, wenn Sie sich das überlegen. Denn ich möchte Sie weder auf offene oder verdeckte Weise dazu bringen, irgend etwas zu denken oder zu tun, wovon Sie nicht im Innersten Ihres Herzens wirklich überzeugt sind. In diesem Sinne ...

> Was die Zukunft betrifft,
> Besteht deine Aufgabe nicht
> darin,
> Sie vorauszusehen,
> Sondern sie möglich zu
> machen.
>
> *Antoine de St. Exupéry*

Schlüsselworte für den Weg

Mit einigen Zitaten möchte ich Ihnen Schlüsselworte mit auf Ihren eigenen Weg geben, die sich immer wieder zu lesen lohnen. »Eine Stunde der Kontemplation ist besser als ein Jahr der Anbetung.« Dieser Satz aus den Sufi-Lehren könnte auch so übertragen werden: »Eine Stunde Meditation und eigene spirituelle Erfahrung ist besser als ein Jahr Besuch von Gottesdiensten und heiligen Messen.«

»Ein gnadenvoller Blick eines gottberauschten Heiligen ist mehr wert als viele hunderte Stunden Meditation.« Das berichten die Sat Gurus Indiens über die Erhebung, die selbst sie als bereits erleuchtete Seelen noch durch die Blicke von ihren Meistern erfahren.

»Alle dogmatischen Religionen sind nur einzelne Wege und Hilfsmittel, die uns günstigenfalls bis zu dem Punkte bringen können, wo sie sich alle begegnen. Dieser Schnittpunkt ist aber erst der Beginn wahrer Religion. Es ist eine Tatsache, daß alles Gott und Gott alles ist. Je realer, alltäglicher und diesseitiger man dies realisiert, um so mehr ist man vereinigt mit Gott. Es gibt dann tatsächlich keine Trennung von Diesseits und Jenseits mehr. Alles Diesseits ist die letzte Ausdrucksform des Jenseits. Es handelt sich nicht um eine Vergeistigung der Materie, sondern um die reale Erkenntnis der Untrennbarkeit der Lebenstotalität. Sein und Nichtsein ... oder Bestehen und Nichtbestehen, sind nur einzelne Blickwinkel der Raum-Zeitlichkeit, von denen wir auf die ewige Totalität hinschauen. Echte Weisheit sieht und kennt nicht eine noch so große Addition, sondern schaut die Totalität des Makrokosmos in jedem Mikrokosmos.« (Ramana Maharshi im Gespräch mit Hans-Hasso von Veltheim-Ostrau, Der Atem Indiens, Claassen Verlag Hamburg, S. 259).

»Jede Seele ist ihrem Wesen und Vermögen nach göttlich. Das Ziel ist die Offenbarung dieses innewohnenden Göttlichen durch Beherrschung der äußeren und inneren Natur. Erreiche dies entweder durch Arbeit oder durch Andacht oder durch Kontrolle der seelischen Vorgänge oder durch Philosophie, durch eines oder einige oder alle – und sei frei. Das ist das Ganze der Religion. Lehrsätze oder Dogmen oder Riten oder Bücher oder Tempel oder Bräuche sind nur nebensächliches Beiwerk.« (Swami Vivekananda, Raja-Yoga, Bauer Verlag, Freiburg S. XV.)

Und schwer und ferne
Hängt eine Hülle
Mit Ehrfurcht. Stille
Ruhn oben die Sterne
Und unten die Gräber.

Doch rufen von drüben
Die Stimmen der Geister,
Die Stimmen der Meister:
Versäumt nicht zu üben
Die Kräfte des Guten!

Hier winden wir Kronen
In ewiger Stille,
Sie sollen mit Fülle

Die Tätigen lohnen!
Wir heißen euch hoffen.

Johann Wolfgang von Goethe
aus dem Gedicht Symbolum

Die größte Hoffnung für uns normale sterbliche Menschen besteht, anders als Goethe es dichtete, nicht darin, daß »die Stimmen der Geister« und »die Stimmen der Meister« von »drüben« rufen, sondern daß es zu jeder Zeit unter uns lebende Meister gibt.

In der Neuzeit, auch jetzt gibt es – wenn auch wenige – aus dem Göttlichen wirkende Heilige, die suchenden Seelen die Quelle des Wassers des ewigen Lebens offenbaren. Diese wunderbare Kraft heilt die Seele, sie weist den Weg in ein bewußtes Sein voller Licht und Liebe, und sie lindert sogar alle irdischen Leiden und Nöte.

»Wer suchet, der findet, wer anklopft, dem wird aufgetan.« Dieses Christuswort hat auch heute nichts von seiner Gültigkeit verloren! Wenn Sie nach Wahrheit oder Liebe, nach Überwindung des Todes oder Frieden, nach Heimkehr und Licht suchen, so werden Sie all das im wahren Tempel Gottes finden – in sich selbst. »Wisset ihr nicht, daß ihr der Tempel Gottes seid und der lebendige Geist in euch wohnt?« Ein kompetenter spiritueller Meister kann uns den Weg in diesen Tempel zeigen und uns zum Altar der Seele darin geleiten. »Wenn dein Auge einfältig

> Erinnert euch an das Göttliche in allem, war ihr tut. Meditiert. Legt alles dem Göttlichen zu Füßen – Alles, Gutes und Schlechtes, Reines und Unreines.
>
> *Mother Meera*

ist, wird dein ganzer Leib licht sein. – Tretet ein durch die enge Pforte, denn eng ist die Pforte und schmal ist der Weg, der zum Leben führt ...«

Die Erfahrungen, die ein Mensch machen kann, kann auch ein anderer machen. Dafür sind unsererseits die feste Absicht und die Willensbereitschaft, Zeit und Energie einzusetzen, notwendig. Natürlich bedarf es auch einer guten Orientierung und einer erprobten Methode, um zum Ziel zu gelangen. Diese Führung vermag ein echter geistiger Lehrer zu geben.

Drei Punkte sind mir für die seelisch-geistige Entwicklung zu einem höheren Bewußtsein ein besonderes Anliegen. Ich beschließe mit diesen Sätzen dieses Buch. Sie sind mein Resümee einer anderen Arbeit, die unter dem Titel »Der Seelenquotient« (siehe Literaturhinweise) veröffentlicht wird.

1. Es gibt nicht nur einen IQ und eine emotionale Intelligenz, sondern auch einen SQ, einen Seelenfaktor. Ihn zu entdecken und zu entwickeln ist notwendig, wenn wir uns spirituell entwickeln möchten. Ohne die Entdeckung der rein geistigen Dimensionen und Qualitäten des Menschen verpassen wir den wesentlichen Teil des Menschseins: Bewußtsein. Das spirituelle Bewußtsein der Seele ist jener Teil, der uns im Hier und Jetzt die größte Hilfe geben kann, und mit dem wir auch über dieses Erdenleben hinaus weiterleben.

2. Die spirituelle Entwicklung darf aber nicht isoliert und forciert werden, sondern soll und muß sinnvoll in die Entfaltung der gesamten Persönlichkeit integriert werden. Nur einer Sehnsucht der Seele zu folgen oder gar sentimalen Vorstellungen von Spiritualität, ohne die körperlichen, emotionalen und intellektuellen Bedürfnisse anzuerkennen und zu erfüllen, führt zu neurotischen und asozialen Verhaltensweisen, und nicht zur »Erleuchtung« oder »Erlösung«. Ohne eine aktive eigene Beteiligung an der Schöpfung werden wir nicht zum Schöpfer gelangen.

3. Wie Sie am besten vorgehen, um Ihr Bewußtsein zu entfalten, ist individuell sehr unterschiedlich. Sie finden in diesem Buch zwar zahlreiche, hoffentlich auch für Sie brauchbare Vorschläge. Aber folgen Sie im Zweifelsfall bitte immer Ihrer eigenen inneren Stimme. Es gibt viele Mittel und Methoden und auch einige gute »Reiseleiter« oder »Reisebegleiter«. Wir sollten ihre guten Dienste durchaus in Anspruch nehmen. Aber letztlich können und müssen nur wir allein unser eigenes Leben führen. Nehmen wir also die Eigenverantwortung an, auch auf die Gefahr hin, daß wir »Fehler« oder »Umwege« machen. Folgen wir nicht alten oder neuen Dogmen. Geben wir uns selbst nicht blindlings auf und weder anerkannten noch unbekannten (Ver-)Führern und Seelenfängern anheim. Sondern folgen wir der eigenen Stimme von »oben«, der Führung durch die höchste Wahrheit, so, wie wir selbst sie wahrnehmen.

Hören Sie nach innen. Folgen Sie Ihrem Herzen und folgen Sie dem Ruf Ihrer Seele. Tun Sie etwas. Seien Sie schöpferisch tätig. Helfen Sie anderen. Dienen Sie. Meditieren Sie. Lieben Sie. Leben Sie. Wachen Sie auf für die unerschöpfliche große Quelle der Kraft in Ihnen selbst. Finden Sie zum Bewußtsein in diesem Leben!

> Es gibt nur einen Zeitpunkt, in dem es unerläßlich ist zu erwachen – und der ist jetzt.
>
> *Buddha*

Anhang

Informationen über Meditationstreffen mit
Sant Rajinder Singh, einem echten Meditationslehrer

Alle Treffen sind kostenlos. Die MitarbeiterInnen arbeiten nur ehrenamtlich. Sant Rajinder Singh lebt von seinem eigenen Verdienst und verlangt weder etwas für seine Anleitungen noch nimmt er irgendwelche freiwilligen Gaben an. Die Meditation besteht aus der Erfahrung des inneren Lichts, der Verbindung mit dem inneren Ton bzw. der Sphärenmusik, und der Harmonisierung des Gemüts durch fünf besonders geladene Kraftworte. Diese rein geistige Meditationsweise hilft sowohl in der kraftvollen und kreativen Bewältigung des Alltags, als auch beim psychosomatischen Ausgleich und bei der Heilung, sowie bei der Entfaltung des Bewußtseins als auch der Erfahrung der Seelenreise in innere Welten.

> Wer die Stimme des Nada, den »tonlosen Ton«, hören und verstehen will, der muß das Wesen von Konzentration und Meditation erlernen. *H. P. Blavatsky*

- **Deutschland:** Wissenschaft der Spiritualität e. V.
  Helga Kammerl, Jägerberg 21, D-82335 Berg
  Tel. 0 81 51 / 5 04 49, Fax 0 81 51 / 95 33 45
- **Österreich:** Herbert Wasenegger
  Mautner Markhofgasse 13–15/5/3, A-1110 Wien

- **Schweiz:** Angela Seiler, Tödistraße 20, CH-8002 Zürich
  Tel. 01 / 2 02 23 72, Fax 01 / 2 02 23 02
- **USA:** Science of Spirituality Center
  4 S 175 Naperville Rd., Naperville, II. 60563, USA
  Tel. 630 / 9 55 12 00, Fax 630 / 9 55 12 05
- **Indien:** Kirpal Ashram, Sant Kirpal Singh Marg,
  Vijay Nagar, Delhi 110009, India, Tel. 011 / 7 22 22 44

Informationen über Kurse mit dem Autor

zu den Themen Selbsterkenntnis, Meditation, Karma und Reinkarnation, Astrologie, Tarot und Kommunikation sowie Problemlösungen und astrologische Bera-

> Liebe ist die einzige Kraft, die fähig ist, einen Feind in einen Freund zu verwandeln.
> *Martin Luther King jr.*

tung für Einzelpersonen und Firmen erhalten Sie vom Verlag oder direkt von: Wulfing von Rohr, Angererstraße 12, D-83346 Bergen, Tel. 0 86 62 / 58 42, Fax 0 86 62 / 41 95 53.

Literaturhinweise

Benedikt, Johann: *Erinnert euch an eure Menschlichkeit,* Urania, Neuhausen 1998

Buber, Martin: *Die Erzählungen der Chassidim,* Manesse, Zürich 1992

Blavatsky, Helena Petrowna: *Die Stimme der Stille,* Neuausgabe, Adyar, Satteldorf 1997

Dressel, Hilde: *Dem Vollendeten begegnet,* Günther, Stuttgart 1974

Horn, Friedemann (Hg.): *Er sprach mit den Engeln,* Swedenborg, Zürich 1993

Issberner-Haldane, Rita: *Vom Ich zum Selbst,* Eigenverlag, Bad Nauheim 1994

Maharshi, Ramana: *Gespräche des Weisen vom Berge Arunachala,* Ansata, Interlaken 1984

Meera, Mutter: *Antworten,* Knaur, München 1998

Miers, Horst E.: *Lexikon des Geheimwissens,* Goldmann, München 1997

Rohr, Wulfing von: *Leben war doch nicht als Streß gedacht,* Integral, München 1998

—: *Licht in der Stille – unendlich und geheimnisvoll,* Urania, Neuhausen 1998

—: *Es steht geschrieben ... Ist unser Leben Schicksal oder Zufall?* Ariston, Genf/München 1994

—: *Was lehrte Jesus wirklich? Die verborgene Botschaft der Bibel,* Goldmann, München 1995

—: *Die Zukunftsdenker,* Metropolitan, Düsseldorf 1997

—: *Vor uns die Endzeit?* Falken, Niedernhausen 1998

—: *Der Seelenquotient – Wege zur Entfaltung des gesamten persönlichen Potentials,* Goldmann, München 1998

—: *So bleiben Sie gesund! Einfache Wege zu Harmonie und Wohlbefinden,* Fischer Media, Münsingen 1996

—: *Magisch reisen. Indien,* Goldmann, München

—: *Die Kraft der Engel,* Urania, Neuhausen 1996

Schmidt, K. O.: *In dir ist das Licht,* Drei Eichen, 1993

Schneerson, Menachem Mendel / Freeman, Tzvi: *Den Himmel auf die Erde bringen,* O. W. Barth, München 1998

Schuré, Edouard: *Die großen Eingeweihten,* O. W. Barth, München 1983

Singh, Darshan: *Spirituelles Erwachen,* Knaur, München 1999

—: *Liebe auf Schritt und Tritt,* Fischer, Münsingen 1991

—: *Das Geheimnis der Geheimnisse,* SK Publikationen, Hof 1993

Singh, Kirpal: *Das Mysterium des Todes,* Origo, Bern 1991

—: *Das Rad des Lebens – Karma, das Gesetz von Ursache und Wirkung,* Origo, Bern 1983

—: *Gottmensch,* Origo, Bern 1987

Singh, Rajinder: *Heilende Meditation,* Urania, Neuhausen 1996

—: *Kraft der Seele,* Urania, Neuhausen 1997

Veltheim-Ostrau, Hans Hasso von: *Der Atem Indiens,* Claassen, Hamburg 1959

Vivekananda, Swami: *Raja-Yoga,* Bauer, Freiburg 1997

Yogananda, Paramhansa: *Autobiographie eines Yogi,* O. W. Barth, München 1995

Entscheide dich zum Glück und mache andere glücklich. Verkünde deine Freude und liebe leidenschaftlich das Wunder deines Lebens.

Robert Muller

Die Uhr zeigt den Augenblick an – aber was zeigt die Ewigkeit an? Ein Etwas ist in mir – es kreist, es ist ewiges Leben, Glückseligkeit.

Walt Whitman

Darshan Singh

Spirituelles Erwachen

Reden und Vorträge

Der große spirituelle Lehrer Darshan Singh verbindet auf einzigartige Weise hinduisti- sche, christliche und Sufi-Traditionslinien zu einem universellen Ansatz. In großer Ein- fachheit und Klarheit gibt er Antworten auf die tiefsten Fragen des Menschseins und zeigt gleichzeitig auf, wie Spiritualität im Alltag lebbar ist.

erscheint im April 1999

ca. 304 Seiten

ISBN 3-426-86203-4

Spirituelle Wege – die kleine Bibliothek der Weisheiten

(86157)

(86165)

(86172)

(86103)

(86112)

(86071)

Gesamtverzeichnis
bei Knaur, 81664 München

Spirituelle Wege –
die kleine Bibliothek der
Weisheiten

(86051)

(86053)

(86056)

(86073)

(86072)

(86130)

Spirituelle Entfaltung

Westliche Wege